Audrey Dongmo Megnijiokeng

Lysa

Elle devint subitement timide

Yvan : bon comme tu refuses que je porte ton bidon d'eau je pourrais au moins t'accompagner jusqu'à chez toi !

Emily : je ne peux pas l'accepter

Yvan : pourquoi pas cette fois si

Emily : les chiens et les chats ne marchent pas ensemble

Yvan : nous sommes au XXIème siècle je te rappel et les chiens cohabitent déjà avec les chats

Emily : mais monsieur…

Yvan : il y'a pas de monsieur qui tienne c'est décidé je t'accompagne

C'est ainsi qu'avec le temps, elle a fini par tomber éperdument amoureux de ce dernier. Ils se voyaient de temps en temps lorsqu'il venait au village, jusqu'à ce qu'Emily n'obtiennent son baccalauréat technique en industrie d'habillement (IH). Son père étant au courant de leur relation, n'en disait rien bien qu'il doutait de cette relation ; mais, il ne pouvait pas se mettre à travers le bonheur de sa fille. Après l'obtention de son baccalauréat, son père s'est arrangé à ce qu'elles partent s'installer à Yaoundé chez sa tante, ou elle apprenait la haute couture, tout en rencontrant son amoureux avec l'accord de sa tante. Après trois ans de relations avec Yvan, il se décide enfin à lui demander en mariage ; mais avant sa il décide d'en parler avec sa mère et son beau-père lors du repas

Yvan : j'ai quelque chose à vous annoncer !

Rachelle : qu'est ce qu'il y'a mon fils ?

Yvan : en fait mère je…

Il existait un peu

Nestor en portant un verre d'eau : tu as avalé ta langue ou quoi ?

Rachelle : vas-y mon fils on t'écoute

Yvan : en fait mère j'ai décidé de me marier et de prendre ma vie en main

Nestor, arrêtant toujours son verre à main : mais c'est bien ça ! Enfin ton fils devient un homme

Rachelle toute souriante : c'est bien sa mon fils ! Je suis très contente pour toi

Yvan : merci mère

Nestor : alors dit-nous, qui est l'heureuse élue ?

Yvan : une très jolie fille, de notre village

Nestor : quoi ? Tu es malade ou quoi ? (Dit-il en laissant tomber son verre qui s'écrase sur le sol)

Yvan : où est le mal à épouser quelqu'un de chez nous ?

Nestor : le problème n'est pas qu'elle soit de chez nous, le problème est qu'elle ne fait pas partie du même rang social que nous (Dit-il en élevant le ton)

Yvan : n'est-ce pas un être humain comme nous autre ?

Nestor : tu as la moindre idée de ce que vont penser les gens ? Et comment vais-je expliquer à mes amies que ma belle-fille est d'une classe inférieur à la nôtre ? Veux-tu apporter la honte sur nous ?

Yvan : je ne sais pas de quoi tu te plein et de toute façon tu n'es pas mon père

Nestor très furieux, se tourne vers Rachelle : tu as vu ça ? Tu as vu comment ton fils me parle ? Tout ça à cause de cette fille de basse classe !

Rachelle : mais tu ne l'as même pas encore rencontré, comment peux-tu déjà la juger ?

Nestor : aucun villageois dans ce village n'atteint ne serais ce que notre cheville en terme d'argent dans ce village

Rachelle : raison pour laquelle tu préfères que mon fils épouse une fille qui ne soit pas de chez nous mais qui soit d'une famille riche ?

Nestor : oui je préfère ainsi, qu'il épouse une fille de famille honorable

Rachelle : de toute façon, il est assez grand pour prendre ses décisions lui-même

Yvan : merci maman

Nestor : han donc tu préfères prendre la défense de ton fils que de me soutenir-moi ton mari?

Rachelle : la voix de la raison est toujours la meilleure et de toute façon je ne suis pas avocat du diable

Nestor : c'est moi que tu traites de diable ?

Rachelle : chacun ne comprends que ce qu'il veut entendre !

Nestor : très bien ! Ça ne vas pas se passé comme sa (Dit-il tout furieux et quittant la table)

Yvan : mais quel est le problème à épouser une fille qui ne soit pas de la même classe social que nous maman je ne comprends pas

Rachelle : laisse le ainsi mon fils c'est comme ça qu'il est

Apres cette embrouille avec son beau-père, il envoya un texto à ça bien aimé dans la soirée

Yvan : bonsoir l'élus de mon cœur comment vas-tu ?

Emily : je vais bien bébé et toi ?

Yvan : à part que j'ai une nouvelle à t'annoncer, tout va bien !

Emily : ah bon ? Et qu'est-ce que c'est ?

Yvan : désolé ma bien aimée mais je ne pourrais te le dis au téléphone ; crois-tu qu'on pourrait se voir demain ?

Emily : désolé mon cœur je brule aussi d'envie de te voir mais pour l'instant je ne suis pas dans la ville et je ne serais de retour que dans une semaine. Moi aussi j'ai quelque chose à t'annoncer

Yvan : qu'est-ce que c'est ?

Emily : une surprise

Yvan : dit le moi donc !

Emily : si je te le dis ça ne serais plus une surprise ; je propose qu'on en parle à mon retour

Yvan : c'est d'accord !

Emily : bonne nuit mon cœur, j'ai eu une journée chargée

Yvan : bonne princesse ! Dors bien ma dulcinée

Mais les deux tourtereaux ignoraient totalement qu'ils n'allaient plus se voir car Nestor le beau-père d'Yvan s'est arranger à lui fait quitté le pays avec ou sans l'accord de sa mère Rachelle. Malheureusement, Nestor s'est arranger à détruire les cartes Sim d'Yvan avant qu'il ne parte sous prétexte qu'il n'en aura plus besoin ; il perdit ainsi le contact d'Emily. C'est ainsi que le chemin des deux amoureux se sépara sans que ni l'un ni l'autre ne sache ce que l'autre avait à dire.

Emily, après avoir longtemps essayé de joindre son amoureux en vin, se morfondait de douleur et de peine ; ne sachant même pas comment faire pour le retrouver puisqu'il était injoignable. Soudain, elle se rappela qu'il lui avait montré leur maison, bien qu'elle n'y ait jamais entrée ; elle se rendit donc là-bas. Malheureusement pour elle, Rachelle n'était pas à la maison et seul Nestor y était.

Emily : bonjour monsieur !

Nestor : bonjour ! (Dit-il de façon dégouter)

Elle était tellement soucieuse pour son amoureux qu'elle avait complètement oublié de se peigner les cheveux, sans parler de ses vêtements qui étaient à moitié abimé et recousu de partout. Nestor lui fixait de la tête au pied et lui regardait comme une peau de banane ayant mis long dans une poubelle.

Nestor : qu'est-ce qu'une fille de ton état fait dans ma propriété ?

Emily : désolé monsieur (Dit-elle très gêner) mais je cherche Yvan

Nestor : en plus tu connais Yvan mon beau fils !

Emily : oui monsieur !

Nestor : il n'est pas là et d'ailleurs qu'est-ce qu'une fille de basse classe comme toi peut faire avec mon fils ?

Il réfléchit un instant et dit

Nestor : hannn ! tu dois surement être la fille dont il nous a parlé là !

« Yvan s'est enfin décidé a parlé de moi à sa famille ? Je me demande bien ce qu'il leur a dit sur moi » (Pensait-elle)

Nestor : la villageoise de notre village ; la fille qui cour après lui parce qu'elle veut avoir une bonne position dans la société

Emily : non c'est faux monsieur

Nestor : alors tu me traite de menteur ? On vous connaît tous dans ce village ou toutes les filles ne courent après lui juste pour son argent et toi tu ne fais pas exception !

Emily : non monsieur ce n'est pas vrai, Yvan et moi on s'aime

Nestor : vous semé quoi ? Le maïs ou le haricot ? Ou ce sont les arachides que vous préférez ?

Emily : non monsieur ce n'est pas ça que je voulais dit

Nestor : je me fiche pas mal de ce que tu voulais dit ma bonne dame, il nous a déjà tout expliqué sur toi, t'es juste une profiteuse comme tous les autres

Emily : ce n'est pas vrai, Yvan ne dirais jamais une telle chose ! (Dit-elle tout en larme)

Nestor : pitié épargne moi tes larmes de crocodiles et tu ferais mieux de partir d'ici

La pauvre femme s'est écroulé sur le sol, tellement elle était à bout et n'en pouvait plus de cette douleur que l'absence de son amoureux l'infligeait. Elle pleurait, mais Nestor n'en voulait rien comprendre.

Nestor : quand tu auras fini de verser tes larmes de crocodile, tu connais la porte de sortir

Emily : s'il vous plait monsieur je voudrais juste le voir une seul fois (Dit-elle à genou devant lui et pleurant de toutes ses forces)

Mais cela ne changea rien à la situation

Nestor : vas t'en d'ici tout de suite (Dit-il en-là bousculant) et pour ton information, Yvan n'est plus au pays et pour toi sa sera monsieur Yvan

La pauvre fille n'en croyait pas ses oreilles. « Mon Yvan ? Parti ? Sans même m'en informé ? Non c'est impossible ! Je n'y crois pas ! Non je nage en plein cauchemar » (Pensait-elle). Nestor furieux appela Joshua le gardien

Nestor : Joshua…Joshua…

Joshua : oui monsieur !

Nestor : fou moi cette chose dehors et que je ne la revois plus (Dit-il en s'en allant à l'intérieur)

Joshua : tout de suite monsieur

Joshua, prit de pitié pour la jeune fille inconsolable, la souleva tout doucement pour la ramener au portail. Etant donné qu'ils étaient deux à assumer le rôle de gardien, Joshua et Martial, Joshua laissa le poste à Martial, le temps pour lui de raccompagner la jeune fille. Sur le chemin, Joshua n'arrêtait pas de lui poser des questions, tellement il avait pitié d'elle, mais elle avait tellement pleuré que la jeune fille avait du mal à parler. Il insista jusqu'à ce qu'elle se décide à parler

Joshua : dit moi jeune fille, pourquoi as-tu risqué de venir chercher monsieur Yvan à la maison ? Ne sais-tu pas que son beau-père est un véritable poison pour l'atmosphère ?

Emily : il m'en avait parlé, mais je n'en pouvais plus de son silence par rapport à mes texto

Joshua : je doute fort qu'ils les reçoivent un jour

Emily : pourquoi tu dis ça ?

Joshua : en fait, avant qu'il ne parte, son beau-père s'est arrangé pour qu'il n'est plus aucun contact en braisant ses cartes Sim, il est même allé jusqu'à lui changer de téléphone

Emily : donc il a vraiment quitté le pays ?

Joshua : oui mademoiselle

Emily en posant sa main sur son ventre : et moi qui allait lui dit que je suis enceinte (Dit-elle à voix basse)

Joshua faisant semblant de n'avoir rien compris : pardon ? Qu'est-ce que vous avez dit ?

Emily : non rien du tout. Merci de m'avoir accompagné voici la maison de ma tante au revoir et à bientôt (Dit-elle avant de s'empresser d'entrer brusquement chez sa tante)

« Cette fille ne serais-ce pas celle dont monsieur Yvan en avait faire part lors du repas qui a mal tourner dernièrement ? » (Pensait-il)

Joshua : je ne peux pas laisser l'affaire si comme ça, il faut que j'en parle à madame

Pendant ce temps, Emily en entrant chez elle, ne savait pas le choc qui l'attendait. Sa tante Mélissa était couchée, gravement malade après avoir appris la terrible nouvelle qui s'était passé au village.

Emily : ma tante…ma tante… qu'est-ce que tu as ?

Tante : Emily ma fille, il faut que tu partes au village de toute urgence

Emily : quoi qu'est-ce qu'il y'a au village ? Est-il arrivé quelque chose à mon père ou à grand-mère ?

Tante : oui ma fille (Dit-elle très faible et encore sur le choc)

Emily : qu'est-ce qu'il y'a ma tante parle-moi que leur est-il arrivé ?

Tante : ma fille, ils ont tous les deux perdus la vie. A ce qu'un villageois (personne qui vie au village) m'a dit, la maison avait tellement été rongé par les termites qu'elle a fini par s'effondrer, puisque toi-même tu sais qu'elle était en planche

Emily : non ma tante, ne me dis pas une telle chose (dit-elle en posant ses mains sur la tête)

Tante : je suis désolé ma fille !

Emily : non ma tante ce n'est pas vrai…dit moi que ce n'est pas vrai…

La pauvre, elle pleure, elle hurle, elle a mal mais personne pour la consoler ; elle pense à son amoureux, à sa grand-mère et à son père, et la douleur s'agrandir. Tout à coup son téléphone sonne, après huit appels en absence ; c'était Cynthia au bout du fil, sa meilleure amie et la seule qu'elle avait même d'ailleurs au village

Cynthia : tu as appris pour le drame qui s'est passé ici chez vous?

Emily : Cynthia ma vie est foutue !

Cynthia : non ma belle ne dit pas (Dit-elle en pleurant elle aussi)

Emily : qu'est-ce que je vais devenir sans mon père ? Sans ma grand-mère ?

Cynthia : nous allons surmonter tout ça ensemble ma belle, je suis là pour toi

Emily : j'ai mal ma sœur, j'ai mal

Cynthia : nous avons pu sorti leur corps de ce tas de détritus ma sœur, vient on pleure le deuil

Emily : je ne suis pas sûr de pouvoir supporter ma sœur et ma tante même ne tiens plus débout

Cynthia : vient d'abord ma sœur

Emily : et je fais comment de ma tante

Tante : ne t'en fais pas ma fille, mon mari rentre bientôt il saura prendre soin de moi va en paix

Emily toujours au téléphone avec Cynthia : d'accord j'arrive

Sa tante lui donna un peu d'argent et elle prit la route ; il se faisait déjà tard. Pendant ce temps, Rachelle était de retour et c'est Joshua qui a ouvert pour qu'elle entre.

Joshua : bonne arrivé madame (Dit-il un peu perdu dans ses pensées)

Rachelle : merci Joshua. Pourquoi as-tu l'air perdu dans tes pensées ? Y'a-t-il un problème ?

Joshua en vérifiant que personne ne guette : en fait madame c'est à cause d'une jeune fille qui était ici ce matin ! (Dit-il à voix basse)

Rachelle : de qui tu parles ?

Il expliqua ce qui c'était passé dans les moindres détails à Rachelle

Rachelle : oh mon Dieu ! C'est terrible sa

Joshua : et ce n'est pas tout madame

Rachelle : qu'est-ce qu'il y'a encore ?

Joshua : lorsque je suis allé lui raccompagner chez sa tante, elle parlait d'un certains bébé qu'elle portait

Rachelle : est tu vraiment sur de ce que tu dis ?

Joshua : oui madame !

Rachelle pensive « si cette fille est celle à qui je pense, alors mon fils avait raison de s'inquiéter de l'avoir peut être mise enceinte avant de s'en aller »

Rachelle : dit Joshua !

Joshua : oui madame !

Rachelle : est-ce que tu te souviens encore du lieu où tu l'as laissé ?

Joshua : oui madame ! Ce n'est pas très loin d'ici

Rachelle : d'accord demain tu m'y emmène

Joshua : c'est compris madame et s'il vous plait madame n'en parler pas à monsieur, je risque perdre mon poste

Rachelle : ne t'en fais pas pour ça. Aller retourne te couché maintenant tu dois être épuisé

Joshua : merci madame

Puis Joshua s'en alla, laissant Rachelle là. « Si cette fille est vraiment enceinte, alors je ne peux pas laisser ma progéniture mourir de faim, et la pauvre fille doit être vraiment traumatisé après ce qu'elle a subit ici, il faut que je la retrouve à tout prix. Demain est un autre jour » (Pensait-elle).

Emily étant arrivée chez eux aux villages, n'en croyait pas ses yeux. Toute leur maison s'était effondrée. Les villageois étaient alignés là, on la fixait, sans rien dit, tout le monde était perdu. Cynthia la consolait en vin

Cynthia : werr ma sœur calme toi, je suis là pour toi !

Emily : qu'est-ce que je vais devenir ma sœur ? (dit-elle en pleurant toutes les larmes de son corps)

Cynthia : nous allons surmonter tout ça ensemble ma sœur, sinon à quoi te servirais-je ?

Emily : mon avenir est dans l'eau ma sœur, qu'est-ce que je vais devenir sans mon père et ma grand-mère avec ses conseils de sage ? Ma sœur ééé ma vie est finie !

Cynthia : non ne dis pas ça, tu es une fille forte sa ira très prochainement !

Bien que Cynthia le disais, elle savait qu'au fond ça n'ira pas car au fond, rien ne pourra un jour remplacé l'amour de sa grand-mère. Elle essaya tout pour la calmer mais rien, elle n'arrêtait pas de répéter sans cesse « qu'est-ce que je vais devenir ». Pendant ce temps, Rachelle elle s'est rendue chez sa tante avec Joshua mais malheureusement, Emily était déjà partie

Rachelle : bonjour madame !

Mélissa : bonjour ! (Dit-elle très fatiguée) en quoi puis-je vous aidez ?

Rachelle : j'ai appris qu'il y'avait une jeune fille qui vivait ici

Mélissa : de qui parlez-vous ?

Rachelle : une certaines Emily

Mélissa : c'est ma nièce, pourquoi la cherchez vous ?

Rachelle : en fait mon fils m'a parlé d'elle et j'aimerais beaucoup la rencontré

Etant donné que la mère d'Yvan n'allait presque jamais au village et même quand elle y allait, elle restait toujours à l'intérieur, Mélissa ne la connaissait pas

Melissa : attendez-vous êtes la mère d'Yvan ?

Rachelle : oui !

Mélissa : j'aurais beaucoup aimé vous aidez mais Emily n'est pas là

Rachelle : elle va rentrer tard ?

Mélissa : en fait elle a perdu son père et sa grand-mère hier, étant donné que je ne peux pas supporter un long voyage dans mon état, elle a due partie seul

Rachelle : mon Dieu ! C'est horrible ça. Savez-vous comment je peux la retrouver ?

Mélissa expliqua la position de leur maison au village à Rachelle qui par la suite s'empressa de prendre la route avec Joshua, le seul en qui elle faisait confiance. Mais ce jour-là, il lui servait de chauffeur. Après avoir fini de pleurer le deuil de son père et de sa grand-mère, elle décida de s'en aller le même jour. Emily a pris tout ce qui lui restait et est parti de la maison de son père et de sa grand-mère, sans aucune destination et ne sachant où aller, Cynthia lui proposa de venir vivre chez eux mais elle ne voulait pas. Cynthia a fait tout et tout pour qu'elle vienne vivre chez eux mais elle refusait encore et encore.

Cynthia : tu ne peux pas tout de même partie comme cela !

Emily : laisse-moi Cynthia, je dois m'en aller, je ne peux pas rester ici, je ne me sens pas très à l'aise en restant ici, il faut que je parte d'ici

Cynthia : dans ce cas vient alors vivre chez nous

Emily : tu ne comprends pas Cynthia ! Je veux m'en aller d'ici, je veux partie de ce village, cette douleur va me tuer sinon

Cynthia : rentre alors chez ta tante à Yaoundé !

Emily : là-bas non plus je ne veux pas y aller

Cynthia : ou vas-tu aller alors dans ce cas ?

Emily : nulle part

Cynthia : comment sa nulle part ? Tu as oublié que tu es enceinte ?

Emily : non

Cynthia : et alors ? Tu as pensée à eux au moins ? Leur père, n'est-il pas à Yaoundé ?

Emily : plus maintenant (dit-elle en baissant la tête)

Cynthia : comment sa plus maintenant ?

Emily : hier avant cette triste nouvelle, je venais de me faire descendre par son beau-père qui par la suite, m'a annoncé qu'il n'était plus au pays

Cynthia : jésus !

Emily : alors tu vois que je n'ai plus aucune raison d'y retourner

Cynthia : mais il le faut ! Comment vas-tu survivre et ou vas-tu aller ?

Emily : j'irais ou la route me mènera

Cynthia la laissa donc s'en aller, le cœur meurtri et elle lui promit qu'elle l'appellera tous les jours pour avoir de ses nouvelles peu importe où elle se trouvera. Rachelle est arrivée au village, au lieu du domicile d'Emily, mais il était trop tard elle était déjà partie. Par contre, Cynthia était toujours là, pleurant le départ de sa meilleure amie

Rachelle en s'approchant tout doucement vers elle : bonjour jeune fille !

Cynthia : bonjour madame

Rachelle : êtes-vous Emily ?

Cynthia : pourquoi cherchez vous Emily et d'ailleurs qui êtes-vous ?

Rachelle : désolé moi c'est Rachelle et lui c'est mon chauffeur Joshua !

Cynthia : moi c'est Cynthia !

Rachelle : êtes-vous une amie d'Emily ? Un proche ? Une Sœur ?

Cynthia : Emily est un peu comme ma sœur. Vous ne m'avez pas toujours dit pourquoi vous la chercher !

Rachelle : elle t'a parlé d'Yvan ?

Cynthia furieuse de l'entendre : oui le fils dont le beau-père est un raté, leur domicile n'est pas loin d'ici ; et d'ailleurs même c'est la plus grande maison du village. Ces riches vraiment insolent, lorsqu'ils passent ici, ils nous arrosent tout le temps avec la poussière lorsque c'est la saison sèche ou de la boue lorsque c'est la saison de pluie. Ils n'ont vraiment pas de respect pour l'autre, à croire que nous aussi nous ne sommes pas des êtres humains…

Rachelle toussa pour faire signe qu'elle était toujours là

Cynthia : han vous qu'est-ce que vous disiez déjà ?

Rachelle : en fait je suis la mère d'Yvan et…

Cynthia : un instant madame (Dit-elle un peu remonter) ou étiez-vous lorsque mon amies s'est faites humilier chez vous ?

Rachelle : mais je…

Cynthia : ou étiez-vous lorsque mon amie a perdu sa dignité chez vous ?

Rachelle : j'étais…

Cynthia : rien de ce que vous diriez ne pourras remplacer ce que mon amie à subir chez vous

Rachelle : je sais et j'en suis vraiment désolé !

Cynthia furieuse : vous êtes désolé ? À cause de vous mon amie est partie d'ici et tout ce que vous avez à dire c'est que vous êtes désolé ?

Rachelle : comment sa elle est partie ?

Cynthia : oui elle a quitté le village (Dit-elle en pleurant)

Rachelle : et vous savez ou elle aurait bien pu aller ?

Cynthia : non et même si je le savais, vous croyez sérieusement que je vous l'aurais dit après ce qu'elle a subit chez vous ?

Rachelle, dépassé par les évènements : je vous l'ai dit je suis désolé pour tout sa

Cynthia : moi aussi je suis désolé de vous dit cela mais si pour un seul instant vous vous serrez comportez comme une mère en empêchant votre fils de partie tout ça ne serais pas arrivé

Rachelle : est-ce que le départ de mon fils a un rapport avec la mort de sa grand-mère et de son père ?

Cynthia : non mais il a un rapport avec le lourd fardeau que mon amie doit désormais porter seul (Dit-elle en s'en allant)

Rachelle la pauvre femme était toute bouleverser, ne sachant plus quoi faire. Elle est juste rentrée chez elle comme si de rien était, mais très pensif par rapport aux paroles que Cynthia lui avait dite ; mais à cause de son mari, elle ne pouvait pas contacter son fils pour lui en parler car il surveillait tous ses appels à la maison.

Emily, malgré sa grossesse, avait encore le courage de mendier dans la rue. Elle marchait tous les jours sans aucune destination, se débrouillant avec les petits sous qu'elle possédait encore. Un jour, elle n'en pouvait plus de cette souffrance et de marcher sans aucune destination dans la ville de Dschang ou elle avait fini par arriver. Elle alla se placé près du lac et commença à parler toute seul. Puis elle essaya de descendre tout doucement dans le lac.

Tous les gens qui passaient se disaient qu'elle était folle à cause de la façon dont elle était vêtue et de son état pitoyable. Soudain, un jeune homme qui vivait de ce qu'il gagnait comme peintre la trouva entrain de descendre petit à petit dans le lac, malgré tous les passants sur son chemin. Il vivait à Mepeng et à ce moment-là, il rentrait de Foto ou il avait une livraison à faire ; alors pour éviter le contour par le palais de justice, il préféra couper par le lac qui était un bon raccourcir. Il accourut vers elle pour l'aider à s'en sortir ; mais lorsqu'il eut arrêté elle perdit connaissance.

A son réveil, elle se trouvait chez lui. C'était un homme célibataire qui avait toute sa vie vécu celons ses propres moyen après la mort de ses parents.

Ali : bonjour comment allez-vous ?

Emily : bien merci ; qui êtes-vous s'il vous plait ? Et où est-ce que je suis ? (Dit-elle encore toute secouer)

Ali : je m'appelle Ali Tiomo, je suis un peintre et vous êtes chez moi !

Emily : pourquoi m'avez-vous sauvez ?

Ali : je n'aime pas voir une femme souffrir sans intervenir. Et vous qui êtes-vous et pourquoi avoir tenté de vous noyez ?

Emily : je m'appelle Emily Kenfack. J'ai dû quitter le domicile ou je vivais après que mon père et ma grand-mère ne perdent tous les deux la vie dans l'écroulement de notre maison au village (Dit-elle en pleurant)

Bien qu'elle venait à peine de le raconter, elle prit tout de même la peine de raconter son histoire à Ali, car elle en avait marre et voulait vraiment mettre un terme à sa vie.

Ali : oh mon Dieu ! C'est vraiment triste ce qui vous arrive. Vraiment désolé pour vous.

Emily : vous savez ce n'est pas de votre faute, vous n'y êtes pour rien

Ali : ne vous inquiétez pas car le seigneur est merveilleux et il m'a permis de vous trouver à tant, maintenant vous avez un toit et quelqu'un sur qui compter

Emily : merci beaucoup vraiment, merci (Dit-elle en pleurant)

Ali : je t'en prie, ce n'est rien

Et c'est ainsi que neuf mois plus tard, Emily mettra au monde deux jolie petite filles qu'elle appela Lysa et Brenda. Lysa avait un sale caractère à deux ans et Brenda était tout son contraire. A ses deux ans, leur mère les a inscrites à la maternelle. Cynthia prenait de temps en temps de ses nouvelles pour la rapporter à sa tante, qui par la suite, après de multiple supplications de la part de Rachelle lui annonçait elle aussi ; mais Emily ne disait jamais ou elle se situait, juste qu'elle allait bien

Mélissa : bonjour Rachelle

Rachelle : bonjour Mélissa comment vas-tu ?

Melissa : je vais bien merci et toi ?

Rachelle : moi ça va

Melissa : je t'appelais comme chaque mois pour te dis qu'elle se porte à merveille avec ses deux filles

Rachelle : c'est vraiment gentil de ta part de m'accorder une telle faveur. Tu ne sais pas à quel point je t'en suis reconnaissante pour ce que tu fais

Melissa : si tu ne m'avais pas expliqué ta situation je n'aurais jamais accepté de le faire

Rachelle : j'ai tellement envie de voir mes petits enfants

Mélissa : moi aussi j'ai envie de les vois mais comme tu le sais, Emily ne veut pas qu'on la retrouve, encore moins votre famille après ce que ton mari lui a fait subir

Rachelle : mais c'était-il y'a deux ans tout ça!

Mélissa : je sais mais elle a vraiment été secoué et tous les évènements qui ont suivi ensuite, vraiment tragique pour elle

Rachelle : je sais tout sa mais le temps guéri toutes les blessures

Mélissa : pas exactement ma cher. Emily a mis tout son cœur dans sa relation avec votre fils Yvan, du cout, quand il est parti, elle a vraiment eu le cœur brisé.

Rachelle : je sais ce qu'elle a pu ressentie mais c'est une histoire passée

Mélissa : tu sais Rachelle, les séparations sont comme des blessures, certaines cicatrise plus vite que d'autre, nous laissant parfois des séquelles, le tout c'est de fait en sorte de se sortir de cette situation dangereuse qui sape le moral et intoxique la vie. Emily en s'en allant a choisi de se sortir de cette situation.

Rachelle : je suis toujours autant touché par ce qui lui est arrivé crois moi

Mélissa : au fait que devient ton fils ? Tu lui en as parlé ?

Rachelle : tu sais je fais tout ici en cachette, de peur que mon mari ne l'apprenne. Il est allé jusqu'à fait en sorte que je ne puisse pas joindre mon mari. Mais lorsque j'aurais l'occasion je le ferais crois moi

Mélissa : c'est quel genre de couple dont seul le mari a droit à la parole ? Je sais qu'une femme doit être soumise mais il y'a des limites à la soumission

Rachelle : que veux-tu que je fasse ? C'est mon mari après tout !

Mélissa : c'est un nouveau mari ? Ou il y'a une partie sur son corps que le mien n'a pas ?

Rachelle en riant : non ce n'est pas sa

Mélissa : alors ! Tu es une femme et une mère comme nous autres et c'est à toi de savoir ce qui est bien ou pas pour ton fils

Rachelle : c'est noté madame (dit-elle avec sarcasme)

Mélissa : noté ou pas je t'ai déjà dit ce que je pense. Bon je dois te laisser à toute

Rachelle : d'accord que Dieu veille

7 ans plus tard…

Emily vivait toujours chez Ali, qui grâce à ce qu'il gagnait, a pu construire sa maison de telle sorte qu'il pouvait vivre tranquillement à l'intérieur avec sa femme Amina qu'il avait fini par épouser tandis qu'Emily restait le plus dans une chambre grande chambre qu'il avait fait pour elle étant donné qu'il s'attend à ce qu'elle parte un jour. Tandis qu'Emily vivait de son travail de couturière qu'elle avait apprise. La femme d'Ali elle ne dérangeait pas beaucoup et traitait Emily et ses enfants comme une famille.

Emily : bonjour madame

Amina : voyons Emily pas de madame entre nous ! Je te le dis tous les jours

Emily : et tous les jours je remercie le ciel pour m'avoir permis de rencontrer un homme merveilleux comme ton mari

Amina : j'ai de la chance

Emily : beaucoup !

Amina : dit moi Emily sa fait tout de même plus de sept ans que tu vie ici, pourquoi ne t'es-tu jamais remarier depuis lors ?

Emily : tu sais ma belle, lorsqu'on a vraiment aimée quelqu'un de tout son cœur, c'est difficile de l'oublier et de s'en séparer aussi facilement

Amina : et si en revenant au pays qu'il s'est marié ?

Emily : ça ne me dérangerais pas tellement tu sais ! J'ai pu vivre sept ans sans le voir tout en l'aimant en secret, et je pourrais rester ainsi, toute ma vie

Amina : c'est fou les sacrifices qu'une femme est prête à faire pour l'homme qu'elle aime

Emily : c'est fou d'aimer un homme comme moi j'ai aimée j'aime et j'aimerais toujours Yvan

Amina : tu es une vrai folle je t'assure

Emily : oui ma belle je suis folle de lui !

Lysa et Brenda faisaient la classe de CM2. Ces deux jeunes filles étaient braves en classe l'une comme l'autre. Quand Lysa sortait première de la classe, Brenda sortait deuxième et parfois c'était l'inverse et c'est ainsi que l'une était jalouse de l'autre lorsque Ali, Amina et Emily donnaient plus de tendresse et d'affection à l'une qu'à l'autre lorsque cette dernière sortait première.

Amina : qui est sorti première cette fois si ?

Brenda : c'est moi tantine ! (Dit-elle toute souriante)

Lysa : pas la peine d'en fait tout un plat (Dit-elle en levant les yeux au ciel comme si elle voulait implorer le seigneur)

Emily : ne soit pas jalouse Lysa, la fois dernière c'était toi

Lysa : oui mais moi je ne m'en suis pas venté !

Ali : tu plaisante ou quoi ? Tout le quartier était au courant de ça !

Lysa : c'était juste quelque vendeur

Ali : qu'est-ce que ça change ?

Lysa : ça change beaucoup

Emily : ne fait pas cette tête, la prochaine fois sera pour toi

Tout comme chaque frère et sœur dans leur maison, Lysa et Brenda ne s'entendaient pas bien des fois mais s'aimaient. Elles avaient parfois des compromis mais finissaient toujours par s'entendre. Sept ans de plus s'était écroulés et Emily avait déjà laissé l'occasion aux filles de voir leur tante, et même

(en insistant là-dessus) dans mon ventre (en insistant là-dessus) 9 mois ? Et un bon monsieur me demande pourquoi je lui ai fait revenir auprès de moi. Parce qu'il ne peut plus me manqué ?

Nestor furieux : dit plutôt que c'est à cause de cette trainé d'il y'à 14 ans et ses battades que tu lui as fait revenir

Rachelle : oui c'est à cause d'elle et tout comme nous autre c'est aussi une femme alors un peu de respect à son égard. Et je t'interdis formellement de traité mes petits enfants de battade !

Nestor : respect mes couilles oui ! Je vais lui rappeler d'où elle vient si je la croise sur mon chemin

Rachelle : si tu oses quoi que ce soit à cette fille, je te jure sur la tête de mon fils que tu vas le payer très cher

Nestor : Rachelle c'est à ton mari que tu t'adresses ainsi ?

Rachelle : oui et j'aurais dû le faire il y'à 14 ans et je me demande toujours comment j'ai pu tenir autant d'année de mariage avec toi !

Nestor : la seul raison pour laquelle je ne te bas pas c'est à cause de cette stupide lois qu'il y'a dans notre coutume, sinon…

Rachelle : sinon quoi ? Dis-moi qu'est-ce que tu allais fait (Dit-elle en se levant)

Nestor : Rachelle ne me provoque pas

Rachelle : un homme averti en vaut deux ; le respect n'est pas la peur (Dit-elle en s'en allant)

Nestor furieux : Rachelle…Rachelle revient ici

Elle continuait sa route

Nestor toujours furieux : Rachelle c'est à ton mari que tu tournes le dos ? Rachelle…

Mais cette dernière se fichait complètement. Rachelle pendant les sept prochaines années écroulés, avait avec l'aide de Mélissa, trouvé un moyen pour contacter Yvan à l'insu de son mari, pour lui fait part de tous les évènements qui se sont produit.

De l'autre côté, après le retour des classes des jumelles, Emily réunit toute la famille au salon

Lysa : oui maman qu'est-ce qu'il y'a ?

Brenda : oui ! Pourquoi vous nous avez appelés et pourquoi vous faites des têtes d'enterrements ? Quelqu'un est mort ?

Ali : vas y raconte leur ma cher

Lysa : nous raconter quoi ?

Brenda : vas-y accouche maman ce n'est pas comme si on allait te manger ! (Dit-elle surexcité)

Amina : calmer vous un peu les filles, ne l'a brusqué pas !

Lysa : bon c'est d'accord ! Maman qu'est-ce qu'il y'a (Dit-elle tout doucement)

Emily : en fait…le truck c'est que…

Emily était très stresser à l'idée de l'annoncer à ses enfants, ce qui lui faisait tarder à chaque pas qu'elle voulait franchit

Brenda : mère s'il te plait c'est toi qu'on attend

Lysa : tu vas te décider à parler mère ?

Brenda : tu as pu nous accouché nous deux mais accouché une simple phrase te dépasse ?

Lysa : vraiment !

Les filles lui mettaient tellement la pression qu'elle a fini par craquer

Emily à haute voix : le truck c'est que votre père est toujours vivant !

Brenda n'ayant pas bien compris : voilà tu as fini par accoucher ! Attends tu as dit quoi ?

Emily tout doucement : que votre père est toujours en vie

Et puis tout à coup...plus rien c'était le silence. Les jumelles étaient placées là comme si elles jouaient à 1, 2,3 statuts, bien qu'elles fussent plus vraies que nature.

Amina : qu'est-ce qu'il y'a les filles ? Vous ne dites plus rien ?

Ali : aller les filles dites quelques choses

Les filles laissaient ressortie leur visage scandalisé. Emily commença à prendre peur.

Emily : pitié mes enfants dites quelques choses (Dit-elle en posant ses mains sur les jumelles)

Lysa en retirant sa main : comment as-tu pu ?

Emily : je suis désolé ma fille

Lysa furieuse : ne m'appelle plus ta fille !

Amina scandalisé : ne dis pas sa Lysa c'est ta mère

Lysa : ma mère mon œil oui

Pendant ce temps, Brenda elle ne toussa pas un seul mot tellement elle était dépassée.

Emily en pleurant : je suis désolé ma fille

Lysa : dit moi une chose mère ! C'est qui notre père dans ce cas ?

L'histoire étant longue, Emily prit le temps pour les expliqués la situation part à part. Et durant tout ça, Brenda n'avait toujours pas réagit ; elle était toujours placées là, fixant sa mère, les larmes aux yeux. Elle termina en disant

Emily : c'est la raison pour laquelle j'ai préféré que vous le croyez mort qu'autre chose

Lysa se levant : rien ne justifie ce que tu as fait !

Ali scandalisé : Lysa !

Lysa : non tonton Ali !ne dis rien s'il te plait

Emily les larmes aux yeux : s'il vous plait ne vous en mêlez pas (Dit-elle à Amina et Ali qui s'en éloigna)

Lysa furieuse : tu sais ce que sa fait d'être au lycée (étant donné qu'elles fréquentaient au lycée bilingue de Dschang, pas loin du lieu ou Ali s'était construit) et de voir tes copines descendre de la voiture de leur père comme des princesses ?...tu as la moindre idée de ce que sa fait de voir ses copines portée des chaussures de marques et de les changées comme des sous-vêtements pendant que toi tu as les mêmes baskets de lundi à lundi ?

Sa sœur n'étant pas d'accord

Brenda : Lysa ça suffit !

Lysa : non ma sœur il faut que je lui explique la chose. Dit moi un peu mère ! Tu sais ce que sa fait de porter le même sac de classe cousu à mainte reprise pendant 7 ans successifs ?

Brenda furieuse : sa suffit Lysa, mère se piquait les doigts et se sacrifiait pour nous !

Lysa : oui et pourtant notre père s'en fait plein les poches

Brenda : je ne sais pas de quoi tu te pleins, lorsque grand-mère Rachelle vient ici elle nous ramène toujours de belle chose

Lysa : et pourtant on aurait bien pu vivre une vie de rêve !

Emily ne faisait que pleurer

Brenda : tu ne peux pas te contenter du peu d'effort que maman fournit pour nous aider ?

Lysa furieuse : non ! Et j'aurais souhaité que tu ne sois pas ma mère (Dit-elle en s'en allant)

Emily s'écroula sur le sol, les larmes aux yeux, et malgré les efforts des autres pour la calmer, ça ne changeait rien

Brenda prenant sa mère dans les bras : ça va aller maman !

Emily : désolée ma fille, je suis vraiment désolé

Brenda : ne t'en fais pas maman je comprends ce que tu as pu endurée

Emily pleurant : je suis une mauvaise mère !

Amina : ne dis pas ça Emily

Emily : ma fille me déteste à présent !

Ali : ne t'en fais pas, ça lui passera

Mais Emily restait inconsolable. Du côté d'Yvan le match devenait serré entre lui et son beau-père. Yvan ayant fini de se reposer, il descendait à toute vitesse en discutant avec sa mère, tandis que son père était assis au salon

Rachelle suivant son fils : mon fils tu es sur que c'est vraiment ce que tu veux ?

Yvan : oui mère je ne pourrais pas attendre plus longtemps avant de la revoir avec mes enfants

Rachelle : tu pourrais au moins te reposé et y aller demain !

Yvan : il n'est que 16 heures maman

Rachelle : tu as fait un long voyage, tu ferais mieux de te reposer

Yvan s'arrêtant : j'ai eu 14 ans pour me reposer mère et c'est largement suffisant !

Nestor furieux : ou crois-tu allé comme sa monsieur ?

Yvan : chercher ma famille !

Nestor : tu crois vraiment que je vais permettre que le résultat de ton match sans gardien là entre dans cette maison ?

Yvan : pourquoi mettre un gardien au goal, lorsqu'on veut que le ballon entre ? De plus l'arbitre avait sifflé pour prouver que c'est entré sans faute !

Nestor : je n'accepterais jamais sa tant que je vivrais sur ce toit

Yvan : tu l'as bien dit c'était mon match et non le tien, alors laisse-moi allez chercher ma coupe qui m'attend depuis 14 ans déjà sinon la poussière risque de monter dessus et j'en suis allergique. Si ça t'énerve la porte est grande ouverte (Dit-il en sortant)

Nestor se tournant vers sa femme : tu vois comment ton fils me parle ?

Rachelle : il ne ressemble qu'à quelqu'un !

Nestor : je t'interdis de parler de cet ingrat de Louis ici

Rachelle : qui a parlé de Louis, je n'ai prononcé le nom de personne moi

Nestor : ne me provoque pas Rachelle

Rachelle appelant son fils : attend moi mon fils, je viens avec toi ! (Dit-elle en le poursuivant)

Nestor : Rachelle...Rachelle...

Mais cette dernière fit semblant de ne rien entendre. Sur le chemin, ils en ont profité pour passer prendre Mélissa qui était déjà prêt à partir à la rencontre d'Emily comme chaque mois.

Yvan : bonjour tante Mélissa

Elle le regarda pendant un long moment, ne le remarquant pas à cause de sa morphologie changé. Après avoir vu Rachelle, c'est là qu'elle comprit qu'il s'agissait d'Yvan

Mélissa : mon fils Yvan c'est toi ? (Dit-elle toute souriante)

Yvan très content : oui tante c'est moi

Mélissa lui donnant une paire de claque : tu étais ou depuis que nous t'avons appelé ?

Rachelle surprise : mais…

Mélissa : toi, tu ne dis pas un mot ! (s'adressant à Rachelle)

Yvan : elle a raison maman c'est tout ce que je mérité

Mélissa : je suis sûr que ta mère t'a accueilli à bras ouvert ! Je me trompe ?

Yvan sourit : non tante

Mélissa en donnant une seconde claque : ça c'est pour compenser ce qu'elle n'a pas pu fait

Yvan : gifle-moi autant que tu veux mère, c'est tout ce que je mérite

Mélissa prenant Yvan dans ses bras : je suis contente de te revoir mon fils

Yvan les larmes aux yeux : moi aussi tante

Mélissa essuyant ses larmes : ne pleure pas maintenant, tu risques épuisé ton stock de larme et pourtant tu en auras besoin

Rachelle : elle a raison mon fils

Mélissa : maintenant allons-y ou on risque d'y arriver tard

Yvan : avec le temps qu'il fait, nous allons louer une chambre à l'hôtel avant d'aller la voir le matin

Rachelle : c'est mieux

Les trois avaient tellement perdu du temps pour les retrouvailles, qu'il se faisait déjà tard pour aller directement au domicile d'Ali. Le lendemain matin, c'était un samedi et les filles n'avaient pas classe. Emily c'est lever ce matin-là, les yeux tout enfler car elle avait pleuré toute la nuit. Brenda ballait la cour tandis que sa sœur n'étais pas sortie de la chambre. Tout à coup, une grosse voiture noir gare devant elle et klaxonne. Rachelle et Mélissa sortent de la voiture et Brenda accoure vers eux en criant

Brenda : maman vient tantine et grand-mère sont là !

Ils sortent tous Ali, Amina, et Emily, sauf Lysa qui elle faisait la tête. Emily faisait semblant d'être contente et essayait au maximum de cacher sa tristesse

Ali : bienvenue à vous !

Mélissa : merci

Amina toute souriante : bonne arrivée mes tantines

Rachelle le sourire aux lèvres : merci ma fille !

Mélissa : comment vas le garçon ?

Amina : il va bien !

Mélissa : ravie de l'entendre

Emily : bonne arrivé mes tantines

Rachelle et Mélissa se regardaient comme si elles venaient lui annoncer une mauvaise nouvelle

Emily : qu'est-ce qu'il y'a pourquoi arriver sur moi vous faites des têtes d'enterrements ?

Les deux ne réagissaient en aucun cas, ça commençait à inquiéter tout le monde

Emily en secouant sa tante : parle tantine qu'est-ce qu'il y'a ?

C'est là qu'il sorti de la voiture, s'approcha d'elle, la regarda dans les yeux et dit

Yvan : bonjour Emily

La pauvre fille est restée figé sur place, sans rien dire. Elle pensait « non…ça ne peut pas être lui…non…c'est impossible…je le reconnaitrais même s'il avait 100 ans…mais…mais…pourquoi je ne veux pas l'accepter ?...non…c'est impossible…il est à l'étranger…non…ça ne peut pas être lui…mais si…c'est bien lui…je n'en crois pas mes yeux… »

Emily : Yvan ?

Elle n'en croyait pas ses yeux, elle voulait en même temps le giflé et l'embrasser. Retrouver un amour perdu il y'a 14 ans, ce n'était pas donné à n'importe qui. Elle le regardait, les larmes aux yeux, sans toussé un seul mot, les autres étaient placés là, sans rien dit.

Yvan : allez Emily dit quelque chose !

Elle ne parlait pas, elle était présente de corps mais absente d'esprit. Elle n'arrêtait pas de penser à tout et à rien en même temps. Elle s'approcha vers lui, posa c'est deux mains sur ses joues et dit

Emily en pleurant : mon amour...c'est bien toi ?

Yvan les larmes aux yeux : oui ma chérie c'est moi

Puis les mauvais souvenirs envahir son esprit tout à coup, tel un coup fort en pleine tête, elle repoussa brusquement celui-ci

Emily : vas t'en !

Yvan : mais Emily je…

Emily : tu n'as rien à faire ici, vas t'en

Yvan tout troublé : non ma chérie ne me dit pas ça !

Emily furieuse : je t'ai dit de t'en aller

Yvan : je ne peux pas m'en aller

Emily les larmes aux yeux : tu étais ou lorsque je me suis fait humilier comme une chienne, non pas comme une chienne en ce temps-là même les chiens les plus mal nourrit étaient mil fois mieux placé que l'humiliation que ton beau père m'a fait subit

Yvan : désolé ma chérie et tu l'as bien dit c'était mon beau père, pas mon père. Je suis désolé ma chérie mais j'étais dans l'incapacité d'agit

Emily : tu étais ou lorsque j'ai tout perdu ?

Il ne toussa pas un mot, dépassé par les évènements, il baissa la tête. Tous les autres ne s'en mêlait pas, car c'était une histoire entre eux deux, mais chacun pleurait à chaude larme

Emily tout doucement : tu étais ou lorsque j'ai perdu mon père et ma grand-mère ? (elle n'arrêtait pas de pleurer)

Il ne toussa pas un mot

Emily avec rage : tu étais ou lorsque je me baladais comme une âme perdu dans les rues de cette ville ou je ne connaissais personne

Yvan se mit à genou au pied d'Emily, plaça ses deux mains comme s'il s'apprêtait à faire une prière, les larmes aux yeux

Yvan : je suis désolé mon amour

Emily furieuse : tu es désolé ? C'est ton désolé-là qui va combler tout l'énorme vide que tu m'as laissé il y'a 14 ans de cela ? C'est ton désolé qui va laver l'humiliation que ton beau père m'a fait subit dans votre maison comme si moi aussi je n'étais pas un être humain ?

Yvan pleurant à chaude larme : je suis là maintenant ma chérie

Lysa ayant entendue les bruits à l'extérieur, sortie de la chambre. Elle arriva dehors et vit tout le monde pleurant à chaude larme, avec Yvan à genou, suppliant Emily. Elle s'approche de sa sœur

Lysa : hey Brenda, qu'est ce qui se passe ici ? Pourquoi vous avez tous les larmes aux yeux ?

Brenda : observe par toi-même

Lysa : c'est qui cet homme à genou devant maman ?

Brenda : sa serait notre père à ce qui parait

Lysa souriante : notre père ?

Brenda : oui

Lysa surprise : pourquoi il supplie maman ?

Brenda : je te l'ais dit, observe par toi-même

Yvan n'arrêtait pas de pleurer en suppliant Emily

Yvan : s'il te plait ma chérie je suis désolé

Emily : vas t'en d'ici !

Brenda toute secouer : non maman calme toi, tu ne sais plus ce que tu dis

Ali : Brenda ma chérie, ne t'en mêle pas, les histoires de cœur se règle entre deux personnes et non entre dix

Brenda compris et s'en éloigna

Emily à haute voix : je t'ai dit de t'en aller Yvan vas t'en (dit-elle en pleurant)

Yvan : non ma chérie tu ne sais plus ce que tu dis

Emily : je ne sais plus ce que je dis ? Tu sous entends alors que je suis folle ?

Yvan : non mon amour ce n'est pas sa

Emily : alors c'est quoi ? Tu crois vraiment que tu allais débarquer ici comme si de rien était et t'en sorti aussi facilement ?

Yvan : non ma dulcinée, tu es mon rayon de soleil et sans toi je ne peux pas vivre

Emily furieuse : alors tu n'as qu'à mourir

Yvan choqué, la suppliant à genou : ne dis pas sa mon cœur

Emily : ne m'appelle plus ainsi

Yvan : je ne cesserais jamais de t'appeler ainsi ma chérie, tu es ma vie

Emily furieuse : je t'ai dit de t'en aller d'ici !

Yvan : je n'irais nulle part sans mon cœur

Emily : ton cœur est dans ta poitrine et je peux l'entendre battre d'ici alors tu peux t'en aller

Yvan : c'est toi mon cœur Emily et sans toi je ne suis rien

Emily tout lentement : je t'ais dit de t'en aller !

Lysa : sa suffit mère !

Tout le monde était surpris

Lysa : si papa s'en va d'ici, alors je partirai avec lui

Emily, toute secouer, ne pouvant plus dit un seul mot s'est évanouir

Yvan en l'attrapant : non ma chérie, pas ça !

Rachelle : allez vient avec elle on l'amène à l'hôpital

Avec Rachelle c'était toujours action-réaction, pour elle, une simple plaie peut te couter la vie, alors moindre faux pas c'était l'hôpital

Mélissa : elle a raison dépêchons nous

Brenda : je viens avec vous

Lysa : moi aussi

Brenda : toi tu ne vas nulle part, si tu ne t'avais pas mêlé de cette histoire, ça ne serais pas arrivé

Lysa : mais…

Brenda : il y'a pas de mais qui tienne

Yvan préoccuper par Emily : entrer tous les deux, on n'a pas le temps de discuter

Brenda avec colère : si quoi que ce soit arrivé à maman, je ne te le pardonnerais jamais (Dit-elle regardant sa sœur dans les yeux)

Puis ils sont tous partis à l'hôpital, sauf Ali, Amina et Mélissa car il n'y avait plus de place dans la voiture. Ils sont allés à l'hôpital régional de Dschang ou se trouvait Alfred un ami d'Yvan qui était médecin là-bas et par chance, Emily fut rapidement admis

Alfred : bonjour mon frère !

Yvan : bonjour Al les retrouvailles c'est pour plus tard

Alfred : qu'est ce qui s'est passé avec elle ?

Yvan : elle a subi un choc émotionnel je crois

Alfred : d'accord je m'en occupe tout de suite !

Yvan : je compte sur toi

Alfred c'est donc chargé d'Emily. Pendant ce temps, les autres attendaient dans la salle d'attente, stresser, angoisser et Yvan était très bouleverser. Brenda l'apporta donc une tasse de café pour patienter tandis que Lysa était placé là, comme de rien était bien que sa mère était entre la vie ou la mort

Brenda à Yvan : tiens et calme toi un peu

Puis elle s'assied à côté de lui

Yvan : merci beaucoup

Brenda : donc c'est toi mon papa alors !

Yvan forçant le sourire : il semblerait bien que oui

Brenda : je suis un peu déçu tout de même

Yvan étonné : comment ça ?

Brenda : je m'attendais à voir un homme fort, strict, courageux et non un pleurnichard qui n'arrête pas de demander pardon

Yvan sorti ses yeux comme s'il venait de voir un fantôme

Brenda en souriant : je plaisante

Yvan soulagé : tu m'as fait peur

Brenda : ne t'en fais pas je sais que tu aimes beaucoup notre mère et elle nous a déjà expliqué les raisons pour lesquels tu as du parti

Yvan : je suis vraiment désolé mon enfant, à l'époque je n'avais pas trouvé le courage pour affronter mon beau-père

Brenda : ne t'en fais pas papa il n'est jamais trop tard pour réparer ses erreurs

Yvan très souriant : tu m'as appelé papa ?

Brenda : oui

Yvan la prenant dans ses bras : si tu pouvais savoir à quel point je suis content de t'entendre dis sa

Brenda : c'est normal, tu ne t'attendais pas tout de même à ce que je t'appelle Yvan ! C'est trop bête sans vouloir t'offenser

Yvan : tu trouves que j'ai un prénom bête ?

Brenda : non pas sa c'est le fait d'appeler mon père par son prénom que je trouve bête, c'est vraiment bizarre

Yvan les larmes aux yeux : merci beaucoup ma fille

Brenda : au fait moi c'est Brenda et elle Lysa avec tous ces évènements, je doute fort qu'on t'a dit nos nom

Yvan : je connaissais vos noms mais je ne savais pas à qui appartenait quel nom

Brenda : maintenant tu le sais

Lysa était toujours placée là, sans toussé le moindre mot. Rachelle quant à elle observait Brenda et son père bavarder comme s'ils essayaient de rattraper le temps perdu, c'était vraiment beau à voir, jusqu'à ce qu'Alfred débarque

Yvan se levant brusquement : dit moi mon frère comment elle va ?

Alfred : pour l'instant son état s'est stabilisé et elle est hors de danger ; mais nous devons la garder en observation pour au moins une semaine, elle a vraiment été secoué

Ils ont tous poussé un cri de soulagement, à l'exception de Lysa qui elle se fichait pas mal

Alfred : en passant elle demande à te voir

Yvan : moi ?

Alfred : oui !

Brenda : je viens avec toi !

Alfred : non ! Elle a dit lui seul

Yvan à Brenda : ne t'en fais pas, je reviens tout de suite

Rachelle : je prends soin d'elles ne t'en fais pas (Dit-elle en prenant Brenda encore secouer dans ses bras)

Elles étaient là à attendre tranquillement qu'Yvan revient. Elles se posaient mil et une questions. Brenda n'arrêtait pas de fait les cent pas, jusqu'à ce qu'Yvan ne revienne tout bouleverser, les larmes aux yeux comme si on venait de l'annoncer le deuil de quelqu'un

Brenda : papa…papa…

Celui-ci ne réagit pas

Rachelle : mon fils qu'est-ce qu'il y'a ?

Il ne toussa pas un mot

Brenda : papa dit nous qu'est ce qui ne vas pas ?

Après quelques instants de secousse par Brenda et Rachelle, il se décida enfin à parler

Yvan : votre mère…

Il tardait tellement à répondre et Brenda perdait patience

Brenda en le secouant : qu'est-ce qu'il y'a avec maman ?

Rachelle : mon fils s'il te plait enlève le stress sur nous

Yvan : votre mère est d'accord !

Lysa était toute souriante

Brenda : comment ça elle est d'accord ?

Yvan : votre mère est d'accord que Lysa parte avec moi (Dit-il présent de corps et absent d'esprit)

Lysa : enfin elle se comporte comme une vraie mère

Brenda avec colère, gifla sa sœur

Lysa : mais pourquoi tu me gifles ? (s'écria-t-elle)

Brenda : parce que tu le mérites

Yvan lui ne réagissait pas

Brenda : si elle est d'accord, pourquoi tu fais cette tête d'enterrement ?

Yvan s'écroula sur le sol comme un sac de pomme de terre mal positionné

Rachelle en l'attrapant dans son élan : dit nous mon fils qu'est-ce qu'il y'a ?

Yvan les larmes aux yeux : elle a dit que je Lysa peut venir avec moi, et que si Brenda aussi le veut elle n'a qu'à venir, mais…

Lysa : donc il y avait un mais ?

Brenda : la ferme Lysa ! (Dit-elle furieuse) mais quoi papa ?

Yvan : mais que…mais…mais que…

Brenda : mais quoi papa ?

Yvan : que nous ne revenions plus jamais la voir !

Rachelle scandalisée : oh mon Dieu !

Lysa : décidément elle ne nous laissera jamais respirée celle-là !

Brenda en regardant sa sœur : je vois que la gifle que je t'ai donné ne t'as pas suffit

Yvan pleurant à chaude larme : qu'est-ce que je vais devenir sans elle maman ?

Rachelle avec son fils dans ses bras : calme toi mon fils nous allons trouver une solution

Brenda : elle a raison papa

Yvan : sans ta mère ma vie n'a plus de sens ma fille

Brenda : je sais papa, calme toi ça va aller

Yvan : mon cœur souffre le matir (dit-il en posant sa main sur sa poitrine)

Brenda : ne t'en fais pas pour sa papa, nous n'irons nulle part sans maman

Lysa : quoi ? Tu as dit quoi là ?

Brenda : tu as bien compris ! Nous n'irons nulle part sans maman !

Lysa : tu es malade ou quoi ? Après nous avoir faire vivre dans la misère tu te souci encore d'elle ?

Brenda lui donnant une seconde gifle : je t'ai déjà dit de la fermer. Si tu n'as rien d'intéressant à dire la ferme tu comprends ?

Lysa : tu n'es vraiment qu'une idiote !

Brenda : l'idiote c'est toi ! Après tout ce que maman a fait pour nous tu oses parler d'elle comme une étrangère ? Tu n'as vraiment pas honte ?

Lysa : honte de quoi ? Tout ça ne serait jamais arrivé si elle ne nous avait pas caché la vérité sur notre père

Brenda : dit plutôt que si elle n'avait pas oublié de dire que notre grand-mère était une femme riche

Lysa : oui c'est ça !

Brenda : décidément pour toi il n'y a que l'argent qui compte

Lysa : ce n'est pas de ma faute si je suis une fourmi et l'argent c'est le sucre

Yvan tout épuiser et fatiguer : s'il vous plait les filles arrêter de vous disputez

Brenda : mais papa...

Yvan : s'il te plait ma fille j'ai déjà assez à gérer pour...pour

Et là plus rien, il s'est évanouir

Lysa accourant vers lui : papa...papa...

Brenda toute bouleversé : tu as vue ? Tu peux être fiers de toi...bravo...en une journée tu as réussis a envoyé papa et maman à l'hôpital

Une infirmière ayant observé la scène, se précipita vers eux et fit appel à Alfred, qui l'internat directement dans une chambre de l'hôpital. Cet évanouissement de sa part avait réussi à calmer les filles, surtout Brenda qui était très remonté contre sa sœur. A son réveil, elles étaient placées là, sauf Rachelle qui était allé voir Emily qui l'avait appelé

Brenda : papa est ce que ça va ?

Yvan tout doucement : ça va ma fille

Lysa : tu vois il n'a rien

Brenda : je t'ai...

Yvan : s'il vous plait les filles arrêtées de vous disputé comme deux coépouses

Les filles ce sont tout à coup calmer

Brenda : désolée papa

Yvan : ce n'est rien ma fille...au fait ou est votre grand-mère ?

Brenda : avec maman

Lysa : j'espère qu'elle va pouvoir la convaincre de nous laisser partie

Brenda voulait répondre, mais son père lui fit signe de ne rien dit. Pendant ce temps-là, le repas était serré entre Emily et Rachelle

Rachelle : ma fille est ce que ça va mieux ?

Emily : dites-moi un peu mère !

Rachelle : qu'est-ce qu'il y'a ma fille ?

Emily : un repas qui devrait être servi à chaud, s'il est servi à froid vous en mangerez tout de même ?

Rachelle : ça dépend des raisons pour lesquelles il n'a pas pu être servi à chaud !

Emily : rien ne peut justifier qu'un repas qui doit être servi à chaud soit servi à froid

Rachelle : certains facteurs peuvent influencer cela !

Emily : et lorsque c'est un facteur que l'on peut maitriser mais qu'on ne le fait pas ?

Rachelle : il y'a toujours une raison à chaque acte ma fille

Emily : il aurait bien pu refuser de partir

Rachelle : avec Nestor sur ses pas tout le temps ce n'était pas évident

Emily : la vie est un choix

Rachelle : on ne lui en a pas tellement donné…pardonne lui ma fille

Emily : vous savez mère, au fond je ne l'en veut pas tellement.

Rachelle : alors pourquoi ne pas lui donner une seconde chance de se rattraper ? Il n'est jamais trop tard ma fille !

Emily : je ne sais pas pourquoi mais j'ai tellement envie de lui, le sentir près de moi tout le temps, l'entendre dire qu'il ne me laissera plus jamais tombé mais quelque chose m'en empêche

Rachelle : c'est peut-être la peur ! Tu as peut-être peur de revivre encore les mêmes cauchemars d'il y'a 14 ans ; peur qu'il parte de nouveau et te laisse

Emily : ou alors c'est juste le fait que les blessures du passées n'ont jamais cicatrisés

Rachelle : c'est aussi une possibilité

Emily : dites-moi mère

Rachelle : oui ma fille qu'est-ce qu'il y'a encore?

Emily : comment les filles ont réagi quand leur père leur a annoncé qu'ils partiront ensemble

Rachelle : ne m'en parlent pas elles ce sont tellement disputé qu'il s'est évanouir et…

Rachelle n'eut même pas le temps de finir sa phrase qu'Emily avait déjà retiré sa perfusion et était déjà placé débout

Emily : quoi ? Comment il va ? Oh mon Dieu ! Tout ça c'est de ma faute ! Je veux le voir (Dit-elle en prenant la porte)

Rachelle en-là poursuivant : calme-toi Emily, tu n'es pas encore tout à fait guéri

Mais cette dernière n'écoutait pas. Elle était toute bouleverser et voulait à tout prix voir Yvan. Elle regardait porte par porte pendant que Rachelle la suppliait de retourner au lit. Elle fouilla porte par porte jusqu'à le retrouver

Emily : mon amour… (s'écria-t-elle)

Yvan était très surpris d'entendre cela ; c'était comme un rêve pour lui, il pleurait à chaude larme tellement il était surprit

Emily en pleurant : mon amour… (Dit-elle en posant sa tête sur sa poitrine)

Yvan les larmes aux yeux : oui me chérie !

Rachelle fit signe aux filles de sortir de la chambre pour les laisser seul

Emily : je suis vraiment désolé mon bébé

Yvan : ça va ce n'est rien

Emily : je n'aurais pas due te dis tous ces atrocités

Yvan : tu avais tout à fait le droit de me blâmer mon cœur

Emily : sa aurait bien pu te couter la vie

Yvan : tu as dit que je pouvais mourir je te signal (Dit-il avec sarcasme)

Emily lève la tête, le fixe dans les yeux comme si elle voulait l'enlever la tête

Yvan : ne me regarde pas comme ça, c'est toi qui l'a dit

Emily furieuse se leva brusquement : ne redis plus jamais ça !

Elle voulait s'en aller, mais Yvan l'en empêcha

Yvan : ou crois-tu pouvoir aller comme ça ?

Emily : loin de toi !

Yvan : pourquoi ? Ai-je dis quelque chose de mal ?

Emily : oui ! Tu as dit que si tu meurs ça ne me dérangerais pas du tout

Yvan : ce n'est pas ce que j'ai dis

Emily : mais tu l'as tout de même pensé

Yvan : bon ça va j'arrête ok ? Je ne le dirais plus

Emily les larmes aux yeux : je t'aime tellement (Dit-elle en posant sa tête sur sa poitrine)

Yvan : moi aussi je t'aime ma beauté

Emily souriante : malgré les années passées tu es toujours resté le même ; toujours aussi flatteur !

Yvan : on ne change pas l'équipe qui gagne ma chérie

La tension avait fini par se calmer entre les deux tourtereaux, et ils avaient commencé à se parler normalement, sans pleur ni colère.

Emily : dit moi un peu !

Yvan : qu'est-ce qu'il y'a mon cœur ?

Emily : j'ai une question à te poser

Yvan : je t'écoute !

Emily : pendant tout ce temps, tu m'as trompé combien de fois ?

Yvan : aucune

Emily : tu te fou de moi là ?

Yvan : pas du tout !

Emily : donc tu voudrais par-là me dire que pendant tout ce temps tu n'as pas joué au foot ?

Yvan : pourquoi se contenter des petits stades que plusieurs autres joueurs utilise lorsque tu peux avoir un grand stade à toi tout seul ?

Emily : mais les petits stades sont les plus à la mode maintenant !

Yvan : oui mais après sa devient vulgaire ; de plus mon championnat dans mon stade à moi m'avais déjà fait remporter deux jolies trophées alors que demander de plus ?

Emily : sa c'était parce que tes goal n'avaient pas de gardien !

Yvan : sans gardien c'est plus facile de marquer

Emily : sans ballon sa aurait été mieux

Yvan : ékié ! Emily ? Toi-même tu dis quoi comme ça ?

Emily : j'ai dit quoi de mal ?

Yvan : toi-même on joue au football sans ballon ?

Emily : pourquoi pas ?

Yvan posant sa main sur son front : la fille si là il faudrait que j'appelle Alfred pour qu'il vienne encore te consulter parce que j'ai l'impression que tu es encore sur le choc

Emily souriante : non je plaisante c'est tout

Yvan : pardon ne plaisante plus comme ça !

Emily : c'est compris chef ! (puis elle éclate de rire)

Yvan était vraiment content de voir Emily rire autant

Yvan : j'aime bien te voir comme ça !

Emily : comment ?

Yvan : entrain de sourire, c'est magnifique !

La pauvre fille a subitement rougir comme une tomate

Yvan : tu vois ? Tu rougir, ça prouve que j'ai raison

Emily : arrête de me flatter

Yvan : je ne te flatte pas ma chérie

Emily : sinon pourquoi c'est seulement après 14 ans que tu reviens ? Tu faisais seulement quoi à l'étranger ?

Yvan : j'ai tout d'abord fait 7 ans d'études de médecine, ensuite j'ai été intégré dans un grand hôpital là-bas ; hôpital dont mon père biologique était propriétaire

Emily : ton père biologique ?

Yvan : oui Louis c'est son prénom

Emily : je pensais que tu ne le connaissais pas !

Yvan : en fait je le connaissais et même très bien, mais pas en tant que mon père. Il avait très souvent l'habitude de venir me rendre visite en l'absence de mon beau père ; mais j'ai toujours cru que c'était juste un ami de maman et elle-même elle ne m'avait jamais dit que c'était mon père

Emily : elle avait surement peur de ton beau-père !

Yvan : peut-être bien ! Mais je suis tout de même content de savoir que mon père n'est pas un salaud comme mon beau-père ; d'ailleurs c'est même grâce à lui que j'ai pu rentrer

Emily : pour dire que tout ce temps tu vivais avec ton père ?

Yvan : à mes débuts non ! Nestor c'était arranger à me trouver une chambre là-bas et j'y suis resté tous mes 7 ans d'études, mais grâce aux relations de Louis, j'ai pu me débarrasser des gens de Nestor qui me surveillaient pour m'installer chez lui

Emily : et Louis il est resté là-bas ?

Yvan : si on arrêtait un peu avec les questions pour le moment et on pense un peu à nous (Dit-il en le prenant dans ses bras)

Ils se regardaient dans les yeux, comme deux tourtereaux qui venaient de se rencontrer.

Yvan en lui faisant une tendre bise sur le front : tu sais que tu m'as manqué ?

Emily un peu timide : oui je sais ! Mais…

Il lui fit une seconde bise sur la joue, puis sur la seconde joue

Emily un peu gêné : arrête Yvan s'il te plait, quelqu'un pourrait entrer

Yvan : alors que cette personne entre sa fait quoi ?

Il ne voulait rien entendre, juste rattraper le temps perdu. Lorsqu'il s'apprêtait à l'embrasser…

Alfred : bon comment se porte notre patient (Dit-il en entrant)

Les deux étaient placés là, sans rien dire

Alfred : hum mon frère je t'ai attrapé aujourd'hui, donc tu étais marié et tu ne m'as même pas dis ?

Emily un peu gêner de la situation, voulait se retirer des bras d'Yvan, mais ce dernier l'en empêcha

Yvan arrêtant Emily par la taille : mon frère laisse-moi seulement comme ça ! Cette fille m'a envouté (Dit-il en la regardant tendrement dans les yeux)

Alfred : donc c'était ta femme que tu m'as amené sans me dire ?

Emily subitement : nous ne sommes pas mariés

Yvan : pour moi ça ne fait aucune différence, pour moi nous sommes déjà marié ; tout le reste n'est qu'une formalité (il l'a dévisageait toujours)

Alfred toussa puis dit : en tout cas le jour qu'on remplit les formalités on m'appelle seulement

Yvan : compte sur moi

Emily était tellement surprise qu'elle ne parlait plus

Alfred : merde mon frère arrête un peu de la regarder nor est-ce qu'elle va fuir ?

Yvan : mon frère laisse, tu ne peux pas comprendre, c'est juste les menottes qui me restent pour qu'elle ne sen fuir plus jamais

Alfred : dans tous les cas je vois qu'elle va déjà mieux donc vous pouvez sorti avec elle aujourd'hui, et aussi pense à payer pour la perfusion inutile qu'on lui a placé

Yvan : ça c'est un petit problème (Dit-il en continuant de la regarder dans les yeux)

Alfred : tu ne veux vraiment pas la laisser on dirait !

Yvan : si tu savais mon frère

Alfred : je comprends mieux pourquoi elles vous guettent depuis (Dit-il en sortant)

Emily : attends qui ? (Dit-elle subitement)

Puis Brenda par maladresse tomba

Yvan : petite coquine, vient là !

Brenda prise de panique : je n'étais pas seul grand-mère aussi était là, ainsi que Lysa

Emily avec honte : oh mon Dieu !

Yvan : maman toi aussi ?

Rachelle : moi quoi ? Je ne suis pas aussi un être humain ?

Yvan : maman !

Rachelle : tu veux la corde pour l'attacher à toi ?

Brenda : non grand-mère les menottes c'est mieux

Lysa : ah oui en plus c'est efficace

Ensuite tous ont éclaté de rire. Après avoir signé leur sorti de l'hôpital, ils ont d'abord prit la route du domicile d'Ali pour leur dire à tous au revoir, car Yvan n'était pas prêt à laisser sa famille une journée de plus, rester loin de lui. Ali et

Amina eux ne vit aucun inconvénient à cela ; alors Yvan remercia Ali et sa famille avant de prendre la route. Amina elle était un peu touché par leur départ mais Mélissa était restée pour la consoler. Etant donné qu'elle y venait très souvent, elle était déjà comme un membre de la famille pour Amina.

Arriver dans leur domicile à Yaoundé, Yvan klaxonne et c'est Joshua qui vient ouvrir

Joshua : bonne arrivé monsieur

Yvan : merci Joshua

Nestor était placé en l'entrée de la porte, comme s'il venait lui aussi de rentrer. Il les regardait sorti de la voiture un à un

Nestor les dévisageait comme s'ils étaient des va nu pied de la tête au pied. Yvan lui faisait semblant de ne pas le voir, ou du moins il était plus concentré sur sa dulcinée que sur tout autre personne.

Yvan : allez vient ma chérie (Dit-il en la faisant sortie de la voiture)

Elle prit tout doucement sa main et sortir de la voiture. Lançant un coup d'œil sur le côté, elle vit Nestor placé là et rentra dans la voiture

Yvan : n'est pas peur ma chérie (Dit-il tout doucement)

Emily prise de panique : non je ne veux pas ! Je ne peux pas entrer dans cette maison avec cet homme

Brenda observant Nestor : j'imagine que c'est lui Nestor !

Lysa : vu la tête que fait maman, je dirais oui

Yvan essayant de la rassuré : aller ma chérie n'est pas peur, je suis là ok ?

Elle hocha de la tête pour dire « oui »

Yvan : alors aller vient là ma belle

Elle prit sa main tout doucement, mais Yvan très presser la porta à la place

Emily paniquant : qu'est-ce que tu fais ?

Yvan : je porte ma femme ça ne se voit pas ?

Elle sourit et se regardant yeux dans les yeux, Yvan amena tout doucement sa promise à l'intérieur, sans toutefois prêter attention à Nestor. Joshua sortit les affaires de ces derniers de la voiture avec l'aide de Brenda

Brenda : laissez-moi-vous aider

Joshua : non madame ce n'est pas la peine, c'est mon boulot

Brenda : j'insiste

Joshua : je vais me fait gronder par monsieur s'il vous voir porter quelque chose

Brenda : ne t'en fais pas pour ça, il ne fera rien. Et s'il te plait appelle moi Brenda, madame fait trop vielle pour moi

Joshua : c'est juste un signe de respect

Brenda : à vous regarder, vous avez l'ère plus âgé que moi alors je ne peux pas vous laissez m'appeler madame et pourtant c'est à moi de t'appeler monsieur

Joshua souri et dit : c'est compris ! J'essaierai de ne plus vous appeler madame

Puis il laissa Brenda l'aider, tandis que Lysa elle avait déjà pris les devants. Ils passèrent tous devant Nestor comme s'il n'existait pas. Au moment pour Rachelle d'entrée étant donné qu'elle était la dernière, elle traversa aussi Nestor sans rien dit, mais il l'a stoppa

Nestor : donc tu m'as tout de même désobéir malgré le fait que je t'ai dit que je ne voulais pas croiser le chemin de cette fille et de ces deux battades ?

Rachelle : lorsqu'on remporte une coupe, on va la chercher coute que coute et c'est que mon fils a fait ; si sa décision ne te plait pas, la porte est ouverte je ne te retiens pas

Puis elle entra

Nestor furieux : Rachelle…Rachelle…

Mais cette dernière ne répondit pas. « Si je ne peux plus contrôler ma femme, sa deviendra un problème pour mes affaires, et je ne peux pas laisser ça » (Pensais-t-il). Yvan lui n'avait plus le temps de personne à part sa femme qu'il installa direct dans son lit. Il discutait tranquillement

Emily : Yvan mon Dieu mais c'est ta chambre ici !

Yvan : oui et alors ?

Emily : pourquoi m'as-tu emmené ici ? Tu pouvais très bien me mettre dans une chambre d'amie !

Yvan : parce que tu es ma femme et que cette chambre est aussi la tienne désormais

Emily : tu oublis que nous ne sommes pas marier ?

Yvan : je te l'ais déjà dit, le mariage pour moi n'est qu'une formalité

Emily : mais pour moi c'est important avant de pouvoir vivre ensemble comme un couple normal

Yvan : mais pour moi nous le sommes déjà (Dit-il en l'embrassant)

Emily un peu gêné : Yvan qu'est-ce que tu fais ?

Yvan en continuant de lui fait des bisous : à ton avis qu'est-ce que je fais ?

Emily : Non…non Yvan ne fait pas ça !

Yvan lui n'entendait rien : je t'ai déjà dit que tu m'excitais ?

Emily : Yvan s'il te plait arrête…

Yvan : ils nous ont interrompu lorsque nous étions à l'hôpital, alors il est l'heure de rattraper

Emily : Non Yvan je ne veux pas…non Yvan je ne…Non Yvan je…Non Yvan…Non Y…Non…N…

Et puis tout à coup, elle ne dit plus rien, elle était déjà tombée dans le piège de celui-ci comme une mouche sur une toile d'araignée ; tellement les bisous et les caresses de ce dernier l'avait emporté.

Yvan : tu vois tu ne dis plus rien, et si on rattrapait le temps perdu…

Elle sourit bêtement

Yvan : je pense que ça veut dire oui !

Il n'eut même pas le temps de continuer ce moment de plaisir tant attendu lorsque Joshua frappa à la porte

Joshua : toc…toc…toc…

Yvan furieux : c'est qui ?

Joshua sursauta : c'est moi monsieur

Yvan : qu'est-ce qu'il y'a pour que tu me déranges Joshua ?

Joshua : monsieur je me demandais juste ou est-ce que je range les affaires des jumelles ?

Yvan se leva fou de rage : donc c'est à cause de ça que tu me déranges ?

Lorsqu'il ouvrir la porte, Brenda et Lysa étaient aussi placé là

Brenda : papa ne fait pas cette tête, maman ne va pas fuir je te rappel, la preuve elle est toujours dans le lit, ou tu l'as laissé ! (Dit-elle en pointant du doigt)

Yvan refermant un peu la porte de sa chambre : vous n'avez pas vu madame en bas pour le lui demander ? (Dit-il tout doucement comme un bandit prit en plein exercice)

Joshua : si mais madame m'a demandé de vous voir pour ça !

Yvan nerveux : met les ou tu veux ! (Dit-il en refermant sa porte)

Il rentra retrouver la prunelle de ses yeux ou il l'avait laissé

Yvan : ou en étions-nous ? Ah oui...

Lorsqu'il voulut reprendre les choses ou il les avait laissé, on frappa de nouveau à la porte

Yvan furieux en ouvrant : qu'est ce qui ce passe ici ? On ne peut plus être tranquille dans cette...

Joshua tenant les affaires d'Emily à la main : désolé monsieur vous ne m'avez pas dit ou ranger pour madame

Yvan : oh désolé met les là (Dit-il en pointant un coin de sa chambre) elles seront rangés plus tard

Joshua : c'est compris monsieur !

Puis il posa les affaires d'Emily et alla s'occuper des chambres des filles avec l'aide de Kylie et Naomi, domestiques de maison.

Yvan : enfin seul ou en étions-nous ? (Dit-il en retrouvant sa promise sur le lit)

Trop tard apparemment, l'envie était déjà passée

Emily : non Yvan je ne peux pas fait ça

Yvan : et pourquoi pas ? Tout à l'heure tu étais chaude comme la braise mais qu'est ce qui s'est passé ? Si c'est pour les autres ne t'en fais pas personne ne va encore nous déranger

Emily : non ce n'est pas sa

Yvan : c'est quoi alors le souci ? (Dit-il en caressant tendrement la joue de cette dernière)

Emily : c'est juste que je suis encore un peu fatiguée

Yvan : et ce n'est que maintenant que ta fatigue arrive ? dit moi un peu tu n'essaierais pas de m'échapper par hasard ?

Emily : tu plaisante ou quoi ? Je suis carrément dans ta chambre et dans tes bras comment veut tu que je t'échappe ?

Yvan : ce n'est pas faux

Emily : j'ai juste besoin de me reposer mon bébé

Yvan compréhensif et un peu déçu : c'est d'accord ma chérie prend un bain et repose toi

Emily en posant ses mains sur les joues de ce dernier : tu n'es pas trop déçu mon chéri ?

Yvan : non ne t'en fais pas ça va, de toute façon moi aussi j'ai-je suis fatigué, je ne me suis pas vraiment reposer depuis que je suis rentré

Emily : je prends alors un bain puis on se repose ensemble ok ?

Yvan : ok

Emily : la chaleur de tes bras m'ont manqué !

Yvan lui faisant une bise sur le front: dépêche-toi d'aller prendre ton bain avant que je ne change d'avis

Emily sourit et se leva. Pendant ce temps Joshua avait trouvé deux chambres non utilisé cote à cote pour les filles. Naomi s'occupait de pour Lysa tandis que

Kylie s'occupait de pour Brenda avec l'aide de celle-ci bien sûr et de Joshua. Brenda profitait pour lui poser des questions, tellement il était attirant

Brenda : dit Joshua !

Joshua : oui

Brenda : à quel âge as-tu commencé à travailler ici ?

Joshua : à 8 ans

Brenda : si tôt ?

Joshua : oui

Brenda : pourquoi ?

Joshua : vous savez je n'ai pas eu cette chance dans la vie de connaitre mon père, alors ma mère s'occupait de moi toute seul. Un jour lorsqu'elle était malade, il y'avait aucun sou pour la sauvé, elle était couché sur ce lit d'hôpital (Dit-il en arrêtant ce qu'il faisait), et aucun médecin ne la regardait parce qu'il y'avait pas les sous pour la soigner

Brenda : oh mon Dieu c'est cruelle ça !

Joshua : ne t'en fais pas, par la grâce de Dieu j'ai eu la chance de rencontré madame Rachelle, grâce à son bon cœur elle a pu payer les soins de ma mère. Je n'ai pas eu la chance de faire des études, mais je suis fier de faire ce boulot pour aider ma mère à s'occuper de moi

Brenda : c'est vraiment touchante ton histoire

Joshua : oui elle a été forte pour moi, m'a protégé contre tout danger, m'a soigner lorsque j'étais malade, et maintenant c'est à moi d'en faire de même.

Brenda : un peu comme la mienne

Joshua : oui un peu comme la tienne

Brenda : comment tu connais la mienne ?

Joshua : je l'ai rencontré l'année qui suivait, un an après que j'ai commencé à travailler ici. Mais bien que je n'étais qu'un gamin, monsieur Yvan me parlait comme un homme ; il m'apprenait beaucoup et parlait tellement de votre mère, mais à cette époque je ne l'avais pas encore vu. Je n'avais que 9 ans lorsque j'ai assisté à la scène avec monsieur Nestor

Brenda : mais dans son histoire elle avait parlé d'un gardien !

Joshua sourit : en fait je fais un peu de tout ici, madame Rachelle m'avait mis ici pour être ses yeux et ses oreilles parce qu'elle suspecte son mari de lui tromper

Brenda : et c'est vrai ?

Joshua sourit : je pense que nous avons terminé avec votre chambre

Et effectivement, ils en avaient fini

Joshua : les murs de cette maison ont des oreilles (Dit-il en sortant)

Brenda elle ne fit pas attention à ses paroles, et s'allongea pour tester le confort de son nouveau lit. En soirée, à l'heure du repas, Rachelle demanda à Joshua d'aller réveiller tous ceux qui dormaient.

Nestor : ne me dis pas qu'en plus de rester chez nous, ils vont aussi diner à la même table que nous

Rachelle : où est le mal à cela ?

Nestor : je n'accepterais pas sa chez moi !

Rachelle : ce n'est pas ta maison ici je te rappel

Yvan en descendant et tenant la main d'Emily : elle a raison c'est la maison de mon père

Rachelle surprise : mais comment tu le sais ?

Yvan : c'est lui qui me l'a dit !

Nestor : il l'avait laissé à ta mère et ta mère c'est ma femme. Tout ce qui l'appartient m'appartient désormais parce que je suis son mari !

Rachelle : nous avons signé bien séparé je te signal !

Yvan : ne t'en fait pas mère (Dit-il en faisant assied Emily) même si c'était bien commun, cette maison n'en ferais pas parti !

Rachelle : quoi ? Comment ça mon fils ?

Yvan : parce qu'en fait il ne te l'avait pas laissé

Rachelle : explique-toi mon fils

Yvan : je ne sais pas si tu avais bien lu le papier qu'il t'avait remis mais déçu il avait bien précisé que c'était jusqu'à ce que j'ai 20 ans et là je pense avoir largement dépassé 20 ans du coup cette maison est à moi depuis le temps

Nestor ne toussa plus un mot.

Rachelle surprise : ce papier c'est Nestor lui-même qui me l'avait lu

Yvan : alors il te l'a mal lu. Du coup si la présence de ma famille ici dérange quelqu'un, il n'a qu'à prendre la porte (Dit-il en regardant Nestor droit dans les yeux)

Joshua lui était placé là, il observait tranquillement la scène

Rachelle : si tu as pu me tromper sur ce point, je me demande encore sur quoi tu m'as menti

Yvan : si sa peut te consoler mère, il te ment depuis le début de cette relation papa me l'a dit

Nestor prit un verre d'eau pour boire, tellement il avait chaud

Rachelle : comment ça mon fils ?

Les jumelles descendirent à leur tour

Yvan : voilà maintenant que nous sommes tous réunit, le repas peut débuter

Nestor ne toussa plus un seul mot pendant tout le repas. Yvan insista pour se faire nourrir uniquement par Emily, dans le cas contraire, il ne mangerait pas. Cette dernière ne pouvant pas refuser, elle le nourrissait comme un nouveau-né

Lysa : hum…papa tu n'es qu'un bébé !

Brenda : vraiment !

Yvan en regardant Emily : et sa fait quoi ? Ne soyez pas aussi des bébés

Emily : arrêtez d'embêter votre père les filles !

Lysa : il fait vraiment comme un bébé maman

Emily : ce n'est pas d'abord mon bébé ?

Rachelle : c'était le mien avant d'être le tiens ! Cher madame !

Yvan souriant : maman…

Rachelle : quoi je me vente aussi

Tous se mirent à rire comme si de rien était, mais Nestor ne toussait pas un seul mot. Puis, Brenda vit que Joshua était placé là à les regarder et en souriant

Brenda : hey Joshua vient t'asseoir avec nous !

Joshua timide : non merci ça ira

Brenda : aller vient t'asseoir !

Joshua : non madame, je ne veux pas avoir de problème

Rachelle : tu n'auras pas de problème ne t'en fais pas

Joshua : non madame sa ira

Yvan toujours en train de se faire nourrir par sa femme : si tu ne t'asseoir pas tout de suite, tu es viré !

Joshua prit un siège et s'assit à la vitesse de l'éclair

Brenda : tu vois ! Ce n'était pas si difficile !

Emily : tu n'aurais pas due le brusqué autant Yvan

Yvan en souriant : si je ne l'avais pas fait, il serait encore en train de réfléchir

Lysa elle le regardait comme s'il sortait des toilettes, mais ne toussa aucun mot. Nestor était vraiment gêner mais il ne pouvait rien y faire, parce qu'Yvan l'avait cloué le bec ; bien qu'il n'avait pas fini de parler.

Rachelle : Yvan arrête un peu de regarder autant Emily, elle ne va pas s'enfuir je te dis

Yvan : si je détourne mon regard d'elle un seul instant, elle va fuir

Joshua : je connais ou on vend des menottes monsieur !

Yvan détournant son regard de celui d'Emily : ça va vous avez gagné

Rachelle : au fait Joshua comment se porte ta mère ?

Joshua : très bien madame !

Rachelle : elle ne tombe plus malade j'espère

Joshua : non madame elle va de mieux en mieux

Rachelle : il faudrait que je trouve du temps pour lui rendre visite, sa fait déjà huit mois qu'on ne s'est pas vue

Joshua : elle sera ravie madame

Brenda : je pourrais t'accompagné grand-mère ?

Rachelle : oui ma fille si tu veux. Lysa aussi si elle le souhaite

Lysa subitement : non merci ça ira !

Rachelle : c'est comme tu veux

« Cette Lysa ne me plait pas du tout » (Pensais Joshua)

Après avoir finir le repas avec joie pour certains et dégout pour d'autre, il était tant pour Yvan de continuer sa conversation.

Yvan : bon ou en étais je sur ma conversation ?

Nestor s'étouffa en prenant un verre d'eau

Yvan : je n'ai même pas encore commencé à parler et tu t'étouffe déjà ?

Emily : c'est quoi cette histoire mon chérie ?

Yvan : une longue histoire qui date de avant ma naissance ma belle (Dit-il en lui faisant une bise sur la main)

Brenda : cesse un peu de vouloir à chaque fois manger notre mère et raconte cette histoire

Lysa : vraiment papa, on brule déjà d'impatience

Rachelle angoissé : mon fils abrège mes angoisses s'il te plait

Alors Yvan se mit à raconter l'histoire, comme s'il discutait avec Emily

Yvan : au fait ma chérie, tu savais que Nestor était le meilleur ami de mon père ?

Emily : ah bon ?

Yvan : oui et ma mère était sa copine en ce temps-là !

Emily : hum…

Yvan : lorsque ma mère est tombée enceinte de moi, elle est allée le dire à mon père

Emily : et qu'est-ce qu'il a fait ?

Yvan : étant donné que ma mère était d'une grande famille, mon père voulait l'offrir le meilleur et en ce temps-là, il venait d'obtenir une bourse pour l'étranger

Emily : waouh...

Yvan : mais à cause du manque de temps, il ne pouvait pas le dire à ma mère directement

Emily : dommage ça !

Yvan : Nestor étant son soit disant meilleur ami, il lui a donc demandé d'aller le dire à ma mère

Rachelle choquée : sauf qu'il ne l'a pas fait

Yvan avec romance : maman s'il te plait je cause avec ma femme-là ! Ne me coupe pas

Nestor paniquait déjà et voulait se lever. Yvan arrêta sa main

Yvan : ou tu vas ?

Nestor : je...je...

Yvan : personne ne bouge d'ici tant que mon histoire ne finit pas

Nestor s'assied tout doucement, puis son téléphone commença à vibrer. Il le prit et commença à transpirer

Yvan : qu'est-ce qu'il y'a Nestor ?

Nestor : Rien du tout

Emily : continu alors mon chéri

Yvan : à tes ordres ma belle

Emily : il a donc fait quoi ?

Yvan : il est allé voir mère et lui a dit que papa avait dit qu'il ne voulait plus jamais la revoir, qu'il n'était pas d'accord pour ce bébé et qu'il voulait qu'elle avorte, qu'il s'était même enfuir à l'étranger et plein d'autre chose que papa n'a jamais dit

Emily : oh mon Dieu c'est cruelle ça

Yvan : maman n'ayant personne pour la consoler devine qui était le mieux placé ?

Emily: Non!

Yvan : si Nestor

Emily: le tricheur!

Yvan: et avec le temps, ils s'ont devenu très proche...

Emily : et ont fini par se marier !

Rachelle les larmes aux yeux : pourquoi ne m'a-t-il jamais rien dit lorsqu'il venait ici ?

Yvan : dit ma chérie que ferais tu si quelqu'un mettait tes enfants en danger ?

Emily : je ferais tout pour les protéger !

Yvan : voilà

Emily : pour dire qu'il ne pouvait rien lui dit parce qu'il le menaçait ?

Yvan : c'est exactement ça ! Il avait dit à Louis que si à jamais il toussait un seul mot à Rachelle, il me tuerait !

Emily furieuse, prit un couteau de table et l'enfonça dans la main gauche de Nestor. Tous étaient surpris de sa réaction. Nestor hurlait de douleur, mais personnes ne bougeait car ils étaient tous concentré a fixé Emily.

Emily : personne ne touche à ce qui m'appartient !

Même Yvan avait pris peur. Lorsque chacun reprit ses esprits, Naomi qui n'était pas loin apporta le kit de premier soin pour s'occuper de la blessure de Nestor.

Emily en tenant les mains de son chéri : bon chéri ou en étions-nous ?

Yvan : tu n'étais pas obligé tu sais ?

Emily : sa le fera réfléchir, comme sa prochainement il réfléchira à deux fois avant de toucher à ce qui m'appartient

Yvan sourit : je t'aime mon chocolat en sucre

Emily : moi aussi je t'aime mon cœur

Rachelle furieuse : elle aurait dû le mettre en plein cœur

Yvan : n'allons pas jusque-là mère

Rachelle : c'est tout ce qu'il mérite après tout ce qu'il m'a fait subir

Le téléphone de Nestor n'arrêtait tout de même pas de vibrer

Yvan : tu ne réponds pas ?

Nestor à voix basse : ce n'est pas important

Rachelle : si tu as pu me tromper à ce point, pour dire que mon entreprise est en danger avec toi !

Nestor ne toussa pas un mot

Yvan : c'est peu dire…ton argent est la seule raison pour laquelle il t'a épousé

Emily : hum…quelque chose me fais croire qu'il te trompe même

Yvan : tu crois ma chérie ?

Emily :…

Emily n'a même pas eu le temps de prononcer un seul mot qu'on entendit à l'extérieur

-il est où cet idiot ?

Yvan : qui peut bien faire tout ce bruit ?

Joshua : mais je reconnais cette voix !

Yvan : ah bon ?

Joshua : oui monsieur

Yvan : qui c'est ?

Joshua : Diane

Yvan : qui est Diane

Nestor commença à transpirer comme quelqu'un qui venait de recevoir un seau d'eau sur la tête

Joshua : la maitresse de monsieur

Le suspense se fit à la maison comme un film d'action ou l'acteur et le méchant était déjà face à face.

Diane furieuse : il est où ?

Martial : désolé madame mais vous ne pouvez pas entrée (Dit-il en l'empêchant de passer)

Diane : je veux voir ton patron tout de suite !

Martial : désolé madame mais je ne peux pas vous laissez passez !

Yvan sorti avec les autres et là, ils virent une jeune femme dans la vingtaine avec un gros ventre comme si elle était déjà à terme

Yvan surpris : qu'est ce qui se passe ici dehors ?

Martial : monsieur c'est cette dame qui cherche à passer ; elle prétend vouloir voir monsieur Nestor

Yvan s'adressant à Diane : bonsoir madame

Diane se calme et répond : bonsoir monsieur !

Yvan : en quoi puis je vous aider ?

Diane : je cherche monsieur Nestor

Yvan : pourquoi il a une dette après vous ?

Diane : c'est lui qui m'a engrossé

Tout le monde à la maison était choqué ; Rachelle encore plus. Nestor lui niait les faits

Nestor : c'est faux ce qu'elle dit, je ne lui connais même pas !

Diane : ah bon donc maintenant tu ne me connais plus Nestor ?

Nestor : pardon arrête avec des mensonges, ce sont les filles comme vous qui gâter le mariage des gens ici dehors

Diane les larmes aux yeux : donc c'est maintenant comme ça ?

Nestor : comme ça quoi ? Si tu veux de l'argent il y'en a pas ici donc vas t'en

La pauvre fille s'est écroulée sur le sol. Emily et Rachelle soucieuse d'elle, sont allées la consoler

Emily : ça va ma belle calme toi !

Diane les larmes aux yeux : je ne voulais pas en arrivé là, je suis vraiment désolée pour votre couple madame

Rachelle : ne t'en fais pas ma cher ça fait longtemps que ce couple a été brisé

Emily : dit-moi comment une fille de ton âge peut sortir avec un homme pareil ! Avec tous les jeunes et beaux gosses qu'il y'a ici dehors

Diane : vous savez madame, j'avais un petit ami et je vivais tranquillement jusqu'à ce que mes parents ne perdent tout leur bien. Ne pouvant pas compter sur mon petit ami car lui aussi il n'avait pas grand-chose à m'offrir, j'ai dû me débrouiller toute seule. Et c'est en travaillant dans une auberge que j'ai rencontré monsieur Nestor

Yvan : parce que en plus de ça tu fréquente les auberges ? (Dit-il en regardant Nestor)

Nestor désespéré : s'il te plait mon fils ne croit pas un seul mot de ce qu'elle raconte

Yvan : parce que maintenant je suis ton fils !

Nestor : s'il te plait !

Yvan : la ferme s'il te plait. Diane c'est ça ?

Diane : oui monsieur !

Yvan : on t'écoute

Diane : il m'amenait très souvent chez lui lorsque sa femme était absente et me disait tout le temps qu'un jour tout ça va m'appartenir et que ma famille ne manquera plus jamais de rien

Rachelle choqué : Nestor à ce point ?

Diane : et ce n'est pas tout

Yvan : donc parce qu'il y'a encore d'autre ?

Diane : un jour il m'a emmené dans une grande entreprise et m'a dit que si j'étais sage, un jour je serais propriétaire de tout ça !

Yvan : Nestor vous venez d'être virer !

Nestor : non pas ça !

Yvan : o qui oui

Diane : et quand je suis tombé enceinte, il a commencé à m'éviter et sa fait déjà 6 mois aujourd'hui. Ma famille m'a tourné le dos et mon petit ami m'a quitté ; aujourd'hui à cause de cet homme, je n'ai plus rien

Puis elle se mit à pleurer sans arrêt. Emily et Rachelle essayait en vin de la calmer tandis que Nestor lui ne faisait que nier les faits

Yvan : Nestor s'il te plait arrête ! Même avec les preuves devant toi tu nies toujours ?

Nestor : ce n'est qu'un tissu de mensonge qu'elle raconte

Yvan : Joshua s'il te plait rend moi service et va sortir tous les affaires de cet individu de la chambre de ma mère

Joshua : à vos ordres monsieur

Nestor se trainant au pied d'Yvan : non mon fils, ne me fais pas ça !

Yvan : s'il te plait arrête de m'appeler ton fils ! Martial ?

Martial : oui monsieur !

Yvan : va l'aider

Martial : c'est compris monsieur

Nestor les larmes aux yeux : pitié ne me fais pas ça

Yvan : lâche moi ! Tu aurais due y penser avant de tromper ma mère ainsi

Nestor suppliait n'importe comment mais Yvan n'en voulait rien entendre. La pauvre Diane était inconsolable, sa vie était complètement ruiner. Martial et Joshua sortait les affaires de Nestor un à un

Yvan : je ne veux plus rien voir qui l'appartient ici, même pas une chaussette

Joshua : c'est compris monsieur

Yvan : lorsque vous aurez fini, mettez-le aussi dehors !

Martial : à vos ordres monsieur

Puis Yvan retourna à l'intérieur avec ses filles, laissant ainsi Nestor dans son état lamentable. Après avoir fini d'exécuter les ordres d'Yvan, Martial referme le portail et rejoigne son dortoir. Joshua lui aide Emily et Rachelle à soulever Diane qui n'arrêtait pas de pleurer

Emily : aller calme toi

Diane : comment voulez-vous que je me calme alors que je n'ai plus rien ?

Rachelle : ne t'en fais pas nous allons t'aider

Diane : après tout ce que j'ai fait dans votre famille ?

Rachelle : au fond tu n'y es pour rien tu sais ? Notre famille était déjà diviser depuis la base

Emily : elle a raison, aller calme toi !

Diane les mains sur la tête : ma vie est foutue

Rachelle : ne t'en fais pas pour ça, demain on ira voir tes parents ok ?

Diane les yeux remplis de larmes : merci vraiment madame, merci beaucoup

Emily : tu connais ou dormi ce soir ?

Diane : dans la rue comme la plupart de mes nuits

Emily et Rachelle se regardait, tellement elles étaient choqué

Emily : mère nous ne pouvons pas la laisser parti comme ça !

Rachelle : tu as raison ma fille, pour cette nuit elle dormira ici

Diane : je ne sais vraiment pas comment vous remerciez

Emily : ce n'est rien t'inquiète

Rachelle : Joshua s'il te plait, installe madame dans la chambre d'amie

Joshua : tout de suite madame

Joshua se dépêcha d'emmener Diane dans la chambre d'amie. Les jumelles s'étaient déjà coucher car il se faisait tard. Emily prit tellement de temps pour bavarder avec Rachelle qu'Yvan s'impatientait et cria son nom

Yvan : Emily…

A l'écoute de cela, Emily s'empressa de vouloir partir

Emily : il faut que je monte mère

Rachelle en arrêtant sa main : ou tu vas comme ça ?

Emily : Yvan m'appelle déjà et si je ne monte pas tout de suite, il descendra lui-même me chercher

Rachelle : laisse donc qu'il descende

Emily : mais mère…

Rachelle : il y'a pas de mais qui tienne !

Emily était très angoissée, mais elle est tout de même rester. A l'intérieur, Yvan n'arrêtait pas de l'appeler ; fatiguer de hurler son nom, il descendit les trouvés en bas

Les deux femmes firent semblant de ne pas le vois et continuaient leur conversation comme si de rien était.

Yvan furieux : Emily…

Emily : oui mon chéri qu'est-ce qu'il y'a ?

Yvan : depuis je t'appelle tu ne comprends pas ?

Emily : si je comprends très bien

Yvan : alors dit moi pourquoi tu ne viens pas !

Rachelle : mon fils…combien de fois dois-je te rappeler que quand deux personnes parlent on ne doit pas s'y interposé ?

Yvan : mais maman…

Rachelle : il y'a pas de maman qui tienne ! Va dans ta chambre tout de suite

Yvan : maman je ne suis plus un gamin…

Rachelle choquée : tu désobéis à ta mère ?

Yvan : non maman ce n'est pas sa c'est…

Rachelle : alors va dans ta chambre tout de suite

Yvan s'en alla fâcher comme un gamin de 5 ans à qui on venait de refuser le bonbon. Rachelle éclata de rire par derrière

Emily en panique : toi aussi pourquoi tu as fait ça ?

Rachelle : j'ai fait quoi ? Ce n'est pas toi qui faisais semblant ici tout à l'heure ?

Emily : mais Mama pour moi c'était juste pour plaisanter

Rachelle : mais moi aussi je plaisantais ma cher

Emily : tu ne vois pas que c'était un peu trop mère ?

Rachelle : non pas du tout

Emily : maintenant je suis dans les problèmes

Rachelle : ne t'en fais pas ma fille, je connais mon fils sa le passera

Emily : je l'espère vraiment mère

Rachelle : aller va maintenant, va le retrouver avant qu'il ne revient cette fois ci avec des menottes

Emily souriante : j'y vais mère, bonne nuit

Rachelle : bonne nuit très cher

Puis Emily s'en alla laissant Rachelle seul dehors. Elle entra dans la maison et monta les escaliers tout doucement, comme un bandit dans une maison inconnu. Elle tremblait de peur et transpirait malgré la fraicheur qu'il y'avait dans la maison. Elle ouvre la porte de la chambre tout doucement, mais surprise, elle n'aperçoit pas Yvan dans les parages. Se disant qu'il est peut-être sous la douche, elle entre tout doucement et là

Yvan : tu ne pensais pas sérieusement que j'allais te laisser filer comme ça sans rien dit

Emily sursauta : je suis vraiment désolé c'est mère…

Il était tranquillement placé derrière la porte

Yvan : ah bon…c'est mère ?

Emily : c'était son idée… (Werrr la pauvre transpirait)

Yvan en avançant tout doucement vers elle : si c'était son idée pourquoi ne l'as-tu pas empêché de le faire

Emily en reculant et en panique : tu sais…tu sais…lorsque…hun lorsque…

Yvan continuant d'avancer : lorsque quoi ma chérie ?

Emily : lorsqu'…lorsque mère…lorsque mère a une idée en tête, personne ne peux…personne ne peux l'arrêter (Dit-elle en trébuchant au bord du lit et là elle se retrouve au lit)

Yvan s'allonge tout doucement sur elle et dit (en lui caressant tout doucement le visage) : ma chérie je n'aime pas quand on me snob tu sais ça nor ?

Emily toute tremblante : oui…oui…

Yvan tout doucement : oui qui ? Le bois ? Ou le poteau ?

Emily : oui mon chéri

Yvan : j'aurais préféré que tu m'appelles mon cœur mais pour cette fois ci je te pardonne ok ?

Elle hocha de la tête pour dire oui

Yvan : voilà étant donné que tu m'as manqué de respect et que j'ai été humilié devant toi je n'ai pas d'autre choix que de te punir

Emily : je suis vraiment désolée mon cœur

Yvan : je sais ma chérie, mais toi-même tu sais aussi que lorsqu'un enfant fait une erreur il faut le corrigé pour que ça ne se reproduise plus

Emily : désolée

Yvan en essuyant son front : tu transpire ma chérie comment ça se fait avec toutes cette fraicheur ?

Emily : je…

Yvan : chuuuuuuuut ! et si on reprenait les choses ou on les avait laissées !

A ce moment-là Emily n'avait pas d'autre choix que de céder, et de toute façon Yvan n'étais prêt à se laisser déconcentrer par quoi que ce soit.

Le lendemain matin lors du déjeuner, tout le monde était surpris de voir Yvan descendre seul. De plus, Emily n'était même pas derrière.

Lysa : dit Brenda tu vois la même chose que moi ?

Brenda : je suis en train de rêver là !

Rachelle : si c'est un rêve, alors nous faisons le même rêve

Yvan s'assied tranquillement et prit son petit déjeuner. Personne à table ne toussa un seul mot durant tout le repas

Rachelle : Joshua Diane a déjeuné ?

Joshua : oui madame !

Rachelle : d'accord ! Emily et moi allons la raccompagné chez elle tout à l'heure

Yvan subitement : non mère tu iras avec Joshua

Rachelle : mais pourquoi ? Et d'ailleurs même ou est-elle ?

Yvan : elle se repose mère

Rachelle : mon fils dit moi qu'est-ce que tu lui as fait ?

Yvan : rien du tout ! Mère

A table personne ne parlait entre les jumelles, chacun observait la scène. Lorsque Yvan eut fini de prendre son petit déjeuner, il prit un plateau et y posa pour Emily ; ensuite il l'emporta dans sa chambre

Rachelle : mais mon fils pourquoi est-ce que tu lui monte son repas ? Elle ne doit pas descendre ?

Yvan : pas aujourd'hui mère ! Elle a eu une nuit mouvementé (Dit-il en s'en allant)

Après cette phrase, personne ne toussa plus un seul mot par rapport. Après le petit déjeuner, Rachelle ramena Diane chez elle avec l'aide de Joshua. Ils ont tous les deux réussit à convaincre sa famille de la reprendre à la maison. De retour à la maison, Rachelle était vraiment épuiser. Elle vit les jumelles au salon en train de regarder la télé avec un monsieur. Elle était vraiment surprise de le voir

-bonjour Rachelle ça fait longtemps !

Elle n'en croyait pas se yeux, c'était comme si elle rêvait pratiquement.

Rachelle : Louis…

Louis : je ne t'ai pas trop manqué j'espère !

Rachelle : si beaucoup (Dit-elle les larmes aux yeux)

Louis en lui tendant les bras : allez vient là

Rachelle se précipita dans ses bras comme un chien enfermé à qui on venait d'ouvrir les portes

Rachelle : tu m'as beaucoup manqué !

Louis : étant donné que je suis au pays pour un long moment, je me suis dit que je pourrais passer vous faire un petit coucou avant de repartir

Rachelle : tu es juste de passage ?

Louis : oui

Rachelle : tu sais très bien que cette maison est toujours la tienne et que tu peux y rester aussi longtemps que tu veux !

Louis : je sais mais je ne voudrais pas être une charge pour vous !

Yvan en descendant : tu n'es pas une charge pour nous père

Louis le sourire aux lèvres : bonjour mon fils !

Yvan : bonjour mon fils

Rachelle était toujours dans les bras de ce dernier

Yvan : mère s'il te plait, peux-tu te pousser un peu, je veux faire un câlin à mon père

Rachelle tenant toujours Louis : laisse les gens ! Quand tu attrapes souvent ta femme ici qui te parle ?

Louis étonné : mon fils tu es marié et tu ne me dis même pas ?

Yvan : non papa je ne le suis pas encore, d'ailleurs étant donné que vous êtes tous là, je profite pour vous annoncer la signature de mon acte de mariage dans une semaine

Emily en descendant : tu aurais au moins pu me consulter avant !

Yvan en arrêtant sa dulcinée par la taille : ton point de vue sur cela n'est pas très important étant donné que je ne te laisse même pas le choix

Emily : et si je disais que je ne suis pas d'accord ?

Yvan la regardant dans les yeux : alors je rapprocherais la date

Emily : tu es plutôt pressé de signer cet acte on dirait bien

Yvan : tu ne peux pas savoir à quel point. De toute façon avec ou sans acte tu es mienne, je le fais juste pour te faire plaisir, sinon tout ça pour moi c'est juste du papier

Louis : tu ne crois pas que tu es un peu trop attaché à elle pour quelqu'un de ton âge ?

Yvan : tu plaisantes ou quoi père ?

Louis : pas du tout !

Yvan : tu tiens toujours ma mère dans tes bras je te rappel et d'ailleurs même, laisse là (Dit-il en les séparant)

Rachelle : c'est quoi ton problème au juste ?

Yvan : il ne t'a pas épousé à ce que je sache

Rachelle : et alors, toi-même tu n'as pas épousé Emily je te rappel

Yvan : c'est différent

Rachelle : en quoi est-ce différent ?

Yvan : Emily c'est ma femme et toi tu es ma mère

Rachelle : et lui c'est ton père !

Yvan : et ça fait quoi ? Le fait qu'il soit mon père ne veut pas dit qu'il est forcément ton mari ! Et d'ailleurs même tu n'es même pas encore divorcer de Nestor je te signal !

Louis : mais ça c'est un petit problème je peux très bien m'en occuper

Rachelle : alors tu vois

Yvan : ça ne fait rien je ne veux pas vous voir ensemble jusqu'à ce que tu divorce de Nestor

Rachelle : dans ce cas Emily dormira avec moi jusqu'à ce que vous vous mariiez

Yvan : quoi ? Mais maman comment je vais faire moi sans ma femme ?

Rachelle : tu imposes tes conditions et moi j'impose les miens

Louis : elle a raison !

Yvan : toi on ne t'a rien demandé

Louis : je reste ton père monsieur j'ai grandi

Yvan : vous êtes tous les deux contres moi maintenant ?

Brenda : c'est toi qui l'as cherché papa (lança-t-elle)

Lysa : oui elle a raison

Yvan : vous aussi ?

Emily : est-ce que j'ai le droit de donner mon avis ?

Rachelle : pas vraiment !

Yvan : comment je vais faire moi sans ma femme

Louis : comme tu le faisais pendant ces 14 ans !

Yvan : c'était diffèrent

Louis : avec quoi ?

Yvan : elle n'était pas là

Louis : considère qu'elle n'est donc pas là !

Yvan : dis-moi un peu papa ! Tu es venu là juste pour saluer ou tu es venu me casser les pieds ?

Louis : un peu des deux

Yvan : il y'a pas du travail qui t'attends quelque part ?

Louis : non Roger se charge de tout !

Yvan : tu es vraiment incorrigible

Louis : et c'est toi qui dis ça ?

Yvan : mon lit sera vide avec l'absence de ma femme

Louis : pas tellement je prendrais sa place

Yvan : et après notre mariage ou est-ce que tu dormiras ?

Louis : ou j'aurais due dormi il y'a longtemps !

Yvan : ça n'y compte même pas

Louis : pourquoi pas ?

Yvan : je t'ai déjà donné mes conditions

Louis : ne t'en fais pas pour ça mon cher, sa arrivera bien avant ton mariage, moi aussi je dois rattraper mon temps perdu

Yvan : à ton âge tu dis ça ?

Louis : l'amour n'a pas d'âge mon cher

Yvan : tu n'as pas honte ?

Louis : honte de quoi ? Des années de célibat pour venir ici me faire descendre par mon fils ? Ça jamais !

Louis et Yvan n'arrêtait pas de se disputer comme quelqu'un et son frère. A les regarder on aurait dit deux gamins. « Maintenant je sais de qui Yvan tient son caractère » (Pensais Emily). C'était un véritable moment de plaisir dans la famille d'Yvan. Le lendemain matin très tôt, Roger est venu voir monsieur Louis ; il est arrivé au moment où ils étaient déjà tous à table

Louis se levant : mon cher Roger bon arrivé

Roger : bonjour monsieur !

Louis : tu n'as pas eu trop de problème à retrouver ton chemin j'espère…

Roger : pas vraiment

Louis : tu te rappel de mon fils Yvan n'est-ce pas ?

Roger : oui monsieur

Yvan : salut Roger

Roger : bonjour monsieur Yvan, bonjour à tous !

Rachelle : bonjour !

Louis : oui et elle c'est sa mère Rachelle, les deux jumelles mes petits-enfants et Emily leur mère

Roger : waouh monsieur vous passez de la vie de célibat à une grande famille on dirait, sa vous fera plus de responsabilité !

Louis : non pas vraiment, mon fils est là pour ça

Yvan : toujours en train de fuir tes responsabilités

Louis : je ne fuis rien moi ! Ce n'est pas de ma faute si j'ai des employés efficaces

Yvan : papa donc je suis ton employé ?

Louis : c'est celui qui dit qui est

Roger : toujours aussi amusant monsieur

Louis : je n'y peux rien elle m'aime comme ça (Dit-il en regardant Rachelle)

Roger : et charismatique de sur quoi

Louis : ouais j'ai un certain charme, pas comme mon fils

Yvan : papa !

Louis : quoi ? Je me demande toujours comment une fille aussi belle qu'Emily a pu tomber amoureuse de toi. Regarde toi je suis mil fois mieux

Yvan : papa !

Tous les autres riaient à table dans le silence. Mine de rien Louis était vraiment un homme charmant ; élégant, mignon et charismatique. Grand de taille et stylé ; cheveux noir ciré, teint commercial et taillé comme un mannequin ; il avait tout pour plaire et pouvait avoir n'importe qu'elle fille car en plus de ça, il était milliardaire.

Louis : enfin bref, tu as ce que je t'ai demandé ?

Roger : oui monsieur

Louis : il ne t'a pas posé trop d'ennui j'espère

Roger : pas du tout !

Yvan curieux : de qui tu parles ?

Louis : de ton fabuleux beau-père qui a tranquillement signé les papiers du divorce

Emily : tôt comme ça ?

Yvan : c'est tout lui ça, il déteste attendre

Louis : oui la patience n'est pas mon fort hélas !

Yvan : je suis curieux de savoir comment tu as fait

Roger : la conversation est la clé de tout problème

Yvan : Roger entre nous, vous n'allez tout de même pas me dis que vous lui avez juste parlé !

Roger : monsieur Yvan, chacun à sa façon de discuter et vous connaissez le mien

Louis : hum c'est grave ?

Roger : il s'en remettra

Louis : c'est d'accord

Roger en donnant les papiers du divorce et un autre papier : tenez monsieur, il ne manque plus que la signature de madame là (Dit-il en pointant du doigt)

Louis les montrant à Rachelle : signe juste là et là

Rachelle : je dois signer deux fois ?

Louis : oui

Rachelle : c'est d'accord

Louis : tu ne les lis pas avant ?

Rachelle : non j'ai confiance en toi

Rachelle prend le stylo à Roger et signe sans réfléchir

Louis : voilà c'est bon

Puis il remit les papiers à Roger

Roger : toutes mes félicitations madame, vous êtes désormais divorcer avec monsieur Nestor et marier à monsieur Louis

Yvan : quoi comment ça marier ?

Roger : le deuxième papier était votre acte de mariage avec monsieur Louis, il ne manquait plus que votre signature

Rachelle : Louis !!!

Louis : je t'avais bien dit de lire avant de signer

Roger : félicitation monsieur

Louis : merci pour tout mon cher

Roger : bon maintenant je dois m'en aller à la prochaine et au revoir à tous (dit-il en s'en allant)

Après le départ de Roger, Yvan n'en croyait pas ses yeux et tout le monde était surpris

Louis : et moi qui venait juste pour quelque temps, voilà que je suis obligé de rester !qu'est-ce que tu en dis mon fils ?

Yvan : papa comment as-tu pu faire une chose pareil

Louis : la personne concernée même ne parle pas, mais toi tu te permets de parler !

Yvan : tu n'es vraiment qu'un traitre papa

Louis : dans la vie il faut être traitre pour avancer mon fils

Emily : je sais maintenant d'où vient l'impatience d'Yvan, mais le vôtre c'est le haut niveau

Louis : tu sais belle-fille, la copie ne sera jamais au-dessus de l'original, c'est un fait

Yvan : maman dit quelque chose

Rachelle : que veux-tu que je dise mon fils, je suis tout aussi surpris que toi

Brenda toute contente : félicitation grand-père !

Louis : merci ma princesse

Lysa : félicitation papi

Louis : merci princesse

Yvan était scandalisé, face à la réaction de son père, il ne savait plus quoi dire.

Yvan : pourquoi as-tu fais ça père ?

Louis : premièrement parce que tu ne m'as pas présenté Emily de façon convenable hier, tu étais trop occupé à la fixer du regard et deuxièmement parce que tu n'es pas le seul à avoir des choses à rattraper. De plus j'ai plus de temps à rattraper que toi !

Yvan : mais papa…

Louis : félicite ta mère et moi au lieu de me questionner sans cesse

Yvan : mère tu le laisse faire ça ?

Rachelle elle mangeait tranquillement : c'est ton père, il fait ce qu'il veut

Louis : alors tu vois ! Par ici mes félicitations

Yvan : félicitation (Dit-il tout doucement)

Louis : on dit félicitation papa (Dit-il en lui versant un verre d'eau sur la tête)

Yvan : papa ! T'étais vraiment obligé de faire ça ?

Louis : désolé l'eau à glisser de mon verre

Emily se leva pour emmener Yvan se sécher dans la chambre, les jumelles quittèrent la table, laissant ainsi Rachelle et Louis seule à table.

Rachelle en souriant : tu étais vraiment obliger de lui verser ce verre d'eau ?

Louis : non mais si je ne l'avais pas fait, il ne serait pas parti et nous n'aurions pas été seul tous les deux

Rachelle : nous ne sommes pas toujours aussi jeunes comme avant

Louis : je te l'ai dit l'amour n'a pas d'âge, ça dépend juste de la façon dont tu la vie

Rachelle : tu n'as vraiment pas changé et ton fils te ressemble de plus en plus

Louis : qui lui ? Il m'a mal copié

Rachelle en souriant : arrête s'il te plait tu risques de me fait pleurer de rire

Louis : si ce sont des larmes de joie ça ne me dérange en rien

Une semaine s'était écrouler et Yvan comme promis signa l'acte de mariage avec Emily. Une cérémonie qui s'est passé juste avec les membres de la famille et Alfred le meilleur ami d'Yvan, bref un peu comme un frère. Après leur cérémonies, Louis est reparti mais cette fois si avec Rachelle ; laissant ainsi toute la maison sur le contrôle d'Yvan. Les filles ayant changé de ville en plein milieu scolaire, leur adaptation au nouveau milieu scolaire fut un peu difficile, mais avec le temps elles ce sont habituer

Deux ans s'était écrouler et les filles s'étaient déjà habituer à leur nouveau style de vie ; plus Lysa que Brenda parce que Brenda elle ne mettait pas trop son cœur sur les bien matériel, contrairement à sa sœur qui s'y attachait beaucoup. Brenda en dehors de l'école, passait la plupart de ses journées à aider Joshua.

Brenda : tu vois Joshua, ici il faut écrire comme cela (Dit-elle en lui montrant)

Joshua : ce n'est pas de ma faute si les maths ne m'aiment pas !

Brenda : est-ce que tu les aimes aussi ?

Joshua : pas vraiment non

Brenda : alors comment veut tu qu'elles puissent t'aimer ?

Joshua : c'est plus facile lorsque sa parle de nourriture ou d'argent, là au moins les calculs passent vites

Brenda en souriant : si c'était aussi simple ce que tout le monde s'en sort ; ne te décourage pas un jour tu verras sa paiera

Joshua : je l'espère bien

Brenda : aller on continu maintenant

Les fréquentations de Lysa avaient pris le dessus sur sa nouvelle façon de faire. Elle vivait pratiquement comme une princesse, regardait les gens de haut et méprisait tous ceux qui étaient en dessous d'elle. Elle s'était fait une nouvelle amie, Suzana une véritable langue de vipère. Elle était connue au lycée comme « la rapporteuse » parce qu'elle rapporte tout ce qu'elle voir et s'enrichir en faisant le malheur des autres. Elle dominait pratiquement sur Lysa, tellement que sa vie se résumait maintenant aux boites de nuit et aux dépenses d'argent inutile étant donné que chacun avait sa carte de crédit et que Louis les envoyaient de l'argent chaque mois, en plus de ce que leur père leur donne ; mais il ne savait pas que c'était autant mal dépenser car elle cachait bien son jeu. Elle rentra de chez Suzana ce jour-là, et vit Brenda discutant avec Joshua

Lysa : franchement ma sœur dit moi un peu ce que tu trouves chez lui !

Brenda : comment ça ? Je ne te comprends pas

Lysa : avec tous les hommes beau et riches qu'il y'a ici dehors, je ne comprends pas comment une belle fille comme toi peut s'intéresser à une chose pareil !

Cette phrase de Lysa blessa profondément Joshua qui s'en alla à toute vitesse

Brenda furieuse : arrête avec tes bêtises là Lysa ! Tu oublies que nous aussi nous avons vécu dans la misère ?

Lysa : oui mais sa s'était avant d'apprendre que papa était très riche et que grand-père était milliardaire

Brenda : tu n'as pas honte de toi ?

Lysa : honte de quoi ? Je ne dis que ma vérité

Brenda très furieuse : tu n'es qu'une sale égoïste…écoute moi très bien, ne te mêle pas de ma vie car je ne me mêle pas de la tienne, à chacun ses oignons

Lysa : qu'ai-je fait de mal à par dire la vérité ?

Brenda : tu viens d'appeler un être humain chose et tu me demandes ce que tu as fait de mal ?

Lysa : donc c'est à cause de ce vaut rien que tu te mets en colère comme ça ? Toi ma propre sœur ?

Brenda : ce vaut rien comme tu l'appelle a un nom et il s'appelle Joshua, et si tu essaie encore une seul fois de l'appeler ainsi, j'oublierais que nous sommes sœur (Dit-elle en s'en allant à la poursuite de Joshua)

Lysa : franchement avec tous les mecs beau et riche qui existent sur cette terre c'est que le gardien que ma sœur a vue ? Elle a vraiment les gouts bizarres (Dit-elle en entrant)

Brenda elle rattrapa Joshua, mais ce dernier pleurait à chaude larme

Brenda : Joshua !

Joshua en essuyant rapidement ses larmes : je suis là

Brenda : vraiment désolé pour ce que ma sœur a dit

Joshua : vous savez elle n'avait pas tellement tord dans ses propos

Brenda : bien au contraire, vous êtes un être humain comme nous autres et elle n'avait pas le droit de vous dire ça ok ?

Joshua : ok madame !

Brenda : maintenant calme toi ça va aller

Joshua : j'ai toujours du mal à croire que vous êtes sœur

Brenda : tu n'es pas seul crois moi

Le temps passait et Lysa s'enfonçait de plus en plus dans l'alcool. Elle méprisait tellement les gens que même ses parents s'en était rendu compte.

Emily : chérie je suis vraiment inquiète pour notre fille

Yvan : lysa ! Je sais

Emily : comment as-tu su que c'est d'elle que je parle ?

Yvan : depuis le premier jour que j'ai fait sa rencontre, elle me paraissait déjà ainsi ; c'est juste que je n'y mette pas du cœur

Emily : si elle continue ainsi, j'ai peur que ça se termine mal pour elle

Yvan : moi aussi

Pendant ce temps, Lysa était chez Suzana sa traitresse d'amie. Lysa ce temps-là fréquentait un jeune homme de bonne famille appeler Junior ; un homme élégant et raffiné. Sa copine Suzana était très jalouse d'elle et n'arrêtait pas de la montée contre lui lorsqu'il y'avait un petit problème entre eux.

Lysa : hey ma copine !

Suzana : bonjour Lysa comment tu vas ?

Lysa : je vais bien et toi ?

Suzana : je suis en vie alors tout va bien

Lysa : c'est important

Suzana : aller dit moi quoi de neuf chez toi ?

Lysa : la routine, ma sœur est toujours aussi attachée à ce crétin !

Suzana : qui ça ? Votre gardien là ?

Lysa : oui ma copine

Suzana : je dis hein ? Le gars-là est seulement beau comme un Dieu pour qu'elle s'attache autant à lui ?

Lysa : qui ça ? le laid machin là ? Même si tous les mecs de la planète disparaissait et qu'il ne reste que lui je préfère encore rester célibataire que d'épouser l'autre qualité là. Crois-moi ma sœur devant lui le phacochère est très beau

Suzana éclate de rire : je dis è c'est à ce point ma copine ?

Lysa : oui !

Suzana : sinon ça va comment avec Junior ?

Lysa : ça va plutôt bien

Suzana : waouh contente pour toi

Lysa : devine quoi

Suzana : quoi ?

Lysa : il m'a même invité chez lui ce weekend

Suzana : waouh mais c'est génial ça !

Lysa : je sens qu'on va bien s'amuser

Suzana : ma copine tu ne sais pas ce que je ferais pour être à ta place

« Tu ne sais vraiment pas ce que je pourrais fais » (Pensait Suzana)

Lysa : or qu'est-ce que tu dis ? Tu as une maison à toi toute seule et tu te plain ? Si mes parents pouvaient parti aussi de temps en temps comme ça

Suzana : aaaaaak ça ne sert à rien si on se sent seul Didon

Suzana elle ses parents n'étaient presque jamais là du coup elle avait la possibilité de faire tout ce qu'elle veut. Comme elle était aussi une amie de Junior, elle allait chez eux quand elle voulait pour lui rendre visite. Les parents de Junior le laissait fait ce qu'il veut étant donné qu'il était fils unique. Après le départ de Lysa, Suzana comme d'habitude alla fait le rapportage

Suzana : salut Junior !

Junior : hey Suzana que me vaut l'honneur de ta visite ?

Suzana : rien du tout, je passais juste dans le coin alors je me suis dit que je devrais passait fait un coucou avant de continuer

Junior : tu sais qu'ici tu es toujours la bienvenue

Suzana : je sais, c'est un peu comme un autre chez moi ici

Junior : voilà donc tu te détendre

Suzana : merci

Junior : en passant tu sors d'où comme ça ?

Suzana : je suis juste aller accompagner Lysa et au retour j'ai fait le détour par ici

Junior : Lysa était chez vous ?

Suzana : oui bien sur

Junior : yaaa Suzana elle ne peut pas venir comme ça tu m'appelles ?

Suzana : j'ai oublié désolé

Junior : dis plus tôt que tu ne voulais pas !

Suzana : non non ce n'est pas ça, de plus elle vient à la maison presque tout le temps !

Junior : ah bon ?

Suzana : oui oui maintenant encore plus qu'elle a un nouveau copain

Junior : quoi comment ça ?

Suzana : tu ne le savais pas ? En plus c'est le gardien de chez eux !

« Pour qui elle me prend celle-ci ? Elle est sans ignorer que je sais que Lysa est trop prétentieuse pour descendre aussi bas ! Heureusement qu'on m'avait déjà prévenu que c'était une langue de vipère » (Pensait-il)

Junior : c'est vraiment décevant de sa part

Suzana : je suis vraiment désolé de te l'annoncer ainsi !

Junior : ne t'en fais pas ça ira

Suzana : bon je passais juste alors à plus tard (Dit-elle en s'en allant)

Junior : d'accord

« Je me demande comment les filles font pour avoir ce genre d'amie massa » (Pensait-il)

Junior : tchaï ! Suzana, une vraie langue de vipère là massa ! En tout cas c'est Dieu seul qui sait ou la catégorie de fille ci sort

Pendant ce temps du coté de Lysa, le manque de respect était au rendez-vous lorsqu'elle est rentrée à la maison la nuit tomber.

Emily : Lysa tu es de retour ?

Lysa : tu ne me vois pas ?

Brenda : tu aurais au moins pu juste dit oui

Lysa : toi je ne t'ai pas sonné

Brenda : Lysa c'est à qui que tu parles comme ça ?

Lysa : à toi tu vas ma fais quoi

Brenda voulait lui en donner une mais son père l'en empêcha

Yvan : Brenda non ne fais pas ça ! Ça ne fera qu'aggraver les choses

Emily : il a raison

Brenda : tu as la chance que papa n'aime pas les problèmes

Emily : tu pourrais au moins nous dire ou tu sors à cette heure !

Lysa : qu'est-ce que ça peut te faire ?

Yvan : lysa c'est à ta mère que tu parles comme ça ?

Lysa : elle a cessé d'être ma mère le jour qu'elle a commencé à nous mentir (Dit-elle en s'en allant)

Emily triste : qu'est-ce que j'ai bien pu faire à cette fille pour qu'elle me déteste autant ?

Brenda : je suis prête à parier que c'est l'influence de cette Suzana sur elle

Yvan : moi de même

Emily : je ne veux plus voir ma fille avec elle !

Yvan : ça ne sera pas facile de les séparés

Brenda : et papi est trop occuper pour revenir au pays, il serait mieux placé pour la raisonner

Emily : oui ces derniers temps il a trop d'occupation, tellement qu'il ne nous appelle plus

Yvan : ne vous en faites pas les filles, nous allons trouver une solution tous ensemble

Brenda : papa à raison mère cesse un peu de te lamenter, l'union fait la force.

Pendant qu'ils essayaient tous ensemble de trouver une solution pour Lysa, elle passait ses journées chez Suzana et la plupart du temps avec Junior après le rendez-vous du weekend. Tout allait bien jusqu'au jour où tout a basculé pour Lysa ; elle venait de découvrir qu'elle est enceinte et alla posée son problème à Suzana

Lysa pale : bonjour ma copine

Suzana : qu'est ce qui ne va pas Lysa ? Pourquoi fais-tu cette tête ?

Lysa : rien ne va ma sœur

Suzana : comment ça rien ne va ? Explique-toi !

Lysa : ma sœur je suis enceinte !

Suzana : quoi ? Comment ça ? De qui ?

Lysa : de Junior bien sûr, de qui d'autre

« Non pas de Junior, si il apprend sa il sera très content et je n'aurais plus jamais l'occasion de pouvoir l'avoir pour moi ! Non je ne peux pas l'accepter, elle ne doit pas garder ce bébé » (Pensait Suzana)

Suzana : et que compte tu fais ? Tu vas le garder ce bébé ?

Lysa : bien sûr que non, je ne veux pas déshonorée ma famille comme ça

« Finalement elle est plus naïve que je ne le pensais » (Pensais Suzana)

Suzana : tant mieux pour toi parce que je connais un bon praticien qui a de bon remède pour ça

Lysa : pardon appelle seulement !

Suzana : dans ce cas tu n'as qu'à passer demain prendre le remède

Lysa : sans souci…merci ma sœur je savais que je pouvais compter sur toi (Dit-elle en s'en allant)

Le soir, Lysa appelle Junior pour l'informer de la situation

Junior : bonsoir ma lady comment tu vas ?

Lysa : mal !

Junior : mal pourquoi ? Qu'est ce qui ne va pas ?

Lysa : je suis enceinte !

Junior : quoi ? Mais c'est une bonne nouvelle ça ! Où est donc le problème à cela ?

Lysa : je veux avorter !

Junior : quoi ?? Sa jamais je ne l'accepterais !

Lysa : qui t'as dit que je te demandais ton avis ? Je voulais juste te mettre au courant

Junior : non Lysa ne fait pas ça je suis prêt à tout pour que tu gardes ce bébé

Lysa : mais moi je ne veux pas le garder, je ne suis pas prête à ressembler à un ballon de foot

Junior : Lysa s'il te plait ne me fais pas ça !

Lysa : je ne veux pas le garder et d'ailleurs Suzana va m'aider comme toi tu n'es pas prêt à me soutenir ; bye (Dit-elle en raccrochant)

Junior : allo…allo…

Mais c'était déjà trop tard, le pauvre rappela sans cesse mais rien. Le lendemain, Lysa alla chez Suzana comme convenue ; celle-ci tenait en main une bouteille de Tangui rempli d'un liquide noir comme si c'était de l'eau sale.

Lysa : tu as le truck là ?

Suzana : oui !

Lysa : tu es sur que ce n'est pas risqué ?

Suzana : ce n'est pas risqué ne t'en fais pas pour ça

Lysa doutant : je ne sais pas je n'en suis pas sur

Suzana : écoute c'est ta sœur qui te parle ok ? Tu n'as plus confiance en moi ?

Lysa : si !

Suzana : alors vas-y bois et n'en laisse pas une goutte

Elle prit la bouteille et la vida complètement. Pendant ce temps Junior avait débarqué au domicile familial de Lysa en hurlant

Junior : Lysa !...Lysa !

Yvan en sortant avec Emily : qu'est ce qu'il y'a pourquoi tu hurles partout le nom de ma fille ?

Brenda en sortant : Junior ? Qu'est-ce que tu fais là ?

Yvan : tu le connais ?

Brenda : oui père, il est au lycée avec nous, son père est un grand homme dans la société

Junior inquiet : s'il te plait Brenda ou est ta sœur ?

Brenda : elle est sortie tôt ce matin, elle n'a pas dit ou elle allait

Junior les mains sur la tête : non seigneur pas ça

Emily : quoi qu'est ce qu'il y-a ?

Junior : elle enceinte et elle veut avorter !

Yvan : quoi ?

Emily scandalisé : je savais que sa devait mal fini mais à ce point ?

Junior : on n'a pas le temps de discuter il faut vite la trouver

Yvan : tu sais ou on pourrait la trouver ?

Junior : Suzana (Dit-il en se précipitant vers la voiture)

Yvan : j'appelle la police

Ils ce sont tous précipité derrière Junior, qui les a conduits au domicile de Suzana. Pendant ce temps, Lysa hurlait de douleur et n'arrêtait pas de crier

Lysa : Aie j'ai mal !

Suzana : ne t'en fais pas c'est normal d'avoir mal

Lysa : ça fait atrocement mal !

Suzana : calme toi et ne t'inquiète de rien

Elle n'arrêtait pas de hurler, mais Suzana la regardait se torturer sans rien dit. Elle se torturait jusqu'à un moment, on entendit plus rien ; du sang sortait entre ses jambes comme un robinet qu'on a oublié de fermer. Suzana tenta de la réveiller mais rien, il était déjà trop tard…

Sans tarder, Junior débarqua avec les autres mais il était déjà trop tard pour tout recommencer. La famille de Lysa était en deuil, Junior aussi était troublé. La police arrêta Suzana pour meurtre prémédité.

Emily pleura le deuil de sa fille pendant tout une année avant de tourner la page, avec l'aide de toute sa famille. Suzana fut condamné à vie car Louis y veillait ; Brenda a fini par sorti avec Joshua grâce à l'accord de ses parents, Emily revu son amie Cynthia lorsqu'elle est retournée au village rendre un dernier hommage à sa grand-mère et son père. Yvan a fini par avoir son propre hôpital, un hôpital chic, avec un personnel accueillant et fit venir son ami Alfred qui y travaillait en tant que pédiatre. Diane a fini par accoucher d'un garçon, et restait toujours en contact avec Emily, la femme qui avait changé sa vie

La vie nous joue parfois des tours, le plus probable c'est de se préparer, se cuisiner à fond car on ne sait jamais par quel côté le danger va frapper à nos portes.

Avoir une compagnie c'est bien, mais avoir une bonne compagnie c'est encore mieux.

Printed by Books on Demand GmbH, Norderstedt / Germany